カシアス

内藤利朗・写真
沢木耕太郎・文

目次

祈り

去年の夏、あるイベントで、以前出版したカシアス内藤の写真集『ラストファイト』の映写会をやることになった。二十数年ぶりに当時の写真を見ていくうちに、ぼくは少なからずショックを受けていた。そこには、真正面からボクサーに向かい懸命にシャッターをきる自分がいた。ジムの片隅で辛抱づよくカメラをかまえる自分がいた。今の自分に、あの頃の熱い思いがあるのだろうか。ぼくは、当時の自分を振りかえるように、もう一度ゆっくりと一枚一枚見なおしていった。

映写会には、カシアスも家族と一緒に来てくれた。講演をお願いしていた沢木耕太郎さんと三人で会うのは久しぶりだった。その日、沢木さんは、大和武士のトレーナーについたカシアスの教え方を身振り手振りをまじえながら説明し、カシアスのトレーナーとしての才能に驚いたこと、早くジムを作ってチャンピオンを育てて欲しいことなど、『一瞬の夏』のその後について熱く語ってくれた。講演前の控え室でも、近況報告が終わると、すぐにジムの話題になった。カシアスがボクサーをやめてから、ジムを作るという話は何度かあった。数年前には一緒に候補地を見に行ったこともあるし、ジムを開く寸前まで話が進んだこともある。

二人の会話を聞きながら、ぼくは二十五年前、再起をめざしカシアスが戦ったあの頃のことを思い出していた。夢に向かってひたすら走ったあの夏を。

ぼくがカシアスを知ったのは、彼について書かれた沢木さんの文章を読んでからだった。しかし、一度も会ったことのない男がいつの間にか身近に感じられるようになったのは、それ以後に書かれた沢木さんのどの作品の行間にも潜んでいるカシアスへの熱い思いを、ぼく自身もまた感じとっていたからかもしれない。

フリーになって間もないある日、沢木さんからカシアスに会ってみないか、という電話があった。翌日、ぼくは下北沢にある金子ジムに向かっていた。九月とはいえ、秋を感じさせるにはほど遠い暑さだった。約束の時間にはまだ間があったが、あるいは来ているかもしれないと思い、ジムの戸を開け中に入っていった。しかし二人はまだ来ていなかった。ジムの中は蒸し風呂のように暑く、汗が一気に吹きだしてきた。

狭いジムの中では、さまざまな色のトレーニングウェアーを身につけた男たちが、ひしめきあうようにして練習を続けていた。白いキャンバスに惨み込んだ血のあとや、鼻をつく汗の匂いが、窓をしめきったジムの中をいっそう暑く息苦しいものにしていた。外に出て待とうかと思い、腰をあげかけたその時、カシアスが入ってきた。

耳に黒いピアスをつけ、赤と青の二つの指輪を右手にはめたアフロヘアーの男は、およそその場にふさわしくないように思えた。人のよさそうな笑顔とともに、差し出してきた右手を握ると、その手は意外なほど温かかった。その温かい手から闘う男を想像することは、難しかった。だが、練習が進むにつれて、汗でぬれたシャツの下から見事に鍛えられた体が見えはじめると、その思いは徐々に消えていった。カシアスがサンドバックの前に立ち、シャツをぬぎすてた時、間近でカメラを構えていたぼくは、その肉体に思わず息をのんだ。そして、カシアスのくり出す鋭いパンチに合わせるように、夢中でシャッターをきっていた。

　その日から、ぼくはほとんど毎日のようにジムに通うようになった。第一戦に勝ち、第二戦の日程が決まる頃になると、写真を撮るということとは別に、カシアスの肉体の状態を確かめては、一喜一憂している自分に気づきはじめていた。

　そして一年。東洋ミドル級王座決定戦を戦うカシアスとともに、ぼくたちはソウルにいた。そのタイトルマッチは、カシアスの再起の総決算になるはずだった。そして、それはカシアスを撮りつづけてきたぼくにとっても最後のシーンとなるはずだった。

　小学校の体育館を大きくしたような会場は、対戦相手である朴鐘八《パク・チョンパル》のファンでうめつくされていた。青白い水銀灯に照らされたリングを見上げながら、ぼくは少し不安になった。しかし、その不安はゴングと同時に消えていった。ファインダーの中のカシアスは、今までにないすばらしい動きで相手を翻弄しているようにみえた。さらに二ラウンドにはいると、ぼくは勝ちを確信しながら彼を追っていた。その時、ファインダーからカシアスが消えた。一瞬自分の目を疑った。やがて大歓声とともにテンカウントが聞こえてきた。ぼくは、おもわずカメラから目を離し、リングに倒れているカシアスを確認していた。会場が新しいチャンピオン誕生にわきかえるなか、リングにあがって、あお向けに倒れているカシアスに再びレンズを向けた。最後のシーンとなるであろうカシアスの顔を撮るために、カシアスが負けたということを自分自身に納得させるために。

二十五年前の夏、東洋タイトルを奪還するというカシアスの、そしてぼくらの夢はかなわなかった。しかしカメラマンとしてのもうひとつの夢は、かたちとなった。フリーになったばかりの自分にとって夢のような写真集『ラストファイト』をぼくは手に入れた。

その十年後、ぼくらの前にひとりの若者があらわれた。ミドル級のボクサーである大和武士は、タイトルマッチを前にカシアスにコーチを依頼してきた。カシアスがボクシングを教える姿を撮りながら、ぼくは大和がボクサーとして日々大きくなっていくのを感じていた。そしてカシアスが教えるということに意外なほど情熱を持ち、いきいきとしていることが嬉しかった。

一カ月後、大和はチャンピオンをめざし、カシアスとともにリングにあがった。大和のボクシングは自信にあふれていた。テレビの解説者は放送の中で「まったく別人のようですね」と何度も叫んだ。しかし、チャンピオンベルトを手にした大和は、ボクサーとして得るものよりも、失うものの方がはるかに大きかった。遠く手のとどかないところで、大和が崩れていくのをぼくらに止めることはできなかった。その後、大和武士は役者の道をめざすことになる。

一方、大和との出会いは、カシアスを再び突き動かすことになった。ボクサーとしての夢は消えたものの、ジムを作りチャンピオンを育てるという新しい夢に向かってカシアスは走りだした。

去年の夏のイベントで久しぶりに会ったカシアスは、頭をスキンヘッドにしていた。それを茶化すと、「最近少しうすくなってきたんで、めんどくさいから剃っちゃいましたよ」と、笑いながら応じた。そう言えば、初めて会ったカシアスは、見事なアフロヘアーだった。あれから二十五年、カシアスも沢木さんもぼくも五十代半ば前後になっていた。カシアスがジム作りに悪戦苦闘している様子は沢木さんから聞いていた。今度こそ最後のチャンスかもしれない。それは三人の共通した思いだった。

その冬、カシアスは体調をくずし入院することになった。入院前にエディ・タウンゼントさんの墓参りに行きたいという彼に、沢木さんとぼくはついていった。二月にしては春のようにあたたかい一日だった。体調もよかったのだろう。こちらが心配するほどカシアスはよく喋った。ジムに関しても手をつくして探しているらしいのだが、相変らず苦戦していた。

この日はカシアスと病院で待ち合わせて、担当医から彼の病状について説明を聞いた。知ってはいたが、あらためて医者の口から癌と聞いて、気分は重くなっていた。つとめて明るくふるまう彼の気持ちが、辛かった。カシアスにとって、これからはすべてが時間との戦いになるはずだった。

エディさんの墓石に彫られた二つのグローブに両手をおき、カシアスは何を祈っていたのだろう。ぼくはエディさんにお願いした。カシアスの病気が治るように、そして彼の手からすばらしいチャンピオンが生まれるように、と。

ふたたびの夢

西熱海ゴルフ場。五月、早朝。

村田英次郎
関山政巳

キリンビール

SS
Winning

エディ・タウンゼント六十四歳、カシアス内藤二十九歳。
ファインダーの中の二人からは、
いつもトレーナーとボクサーという関係をこえた何かが感じられた。

日々変化する肉体を撮りつづけるうちに、
ボクサーの歓びや苦悩が伝わってくることがある。
そのすべてを、ぼくはのこしたいと思った。

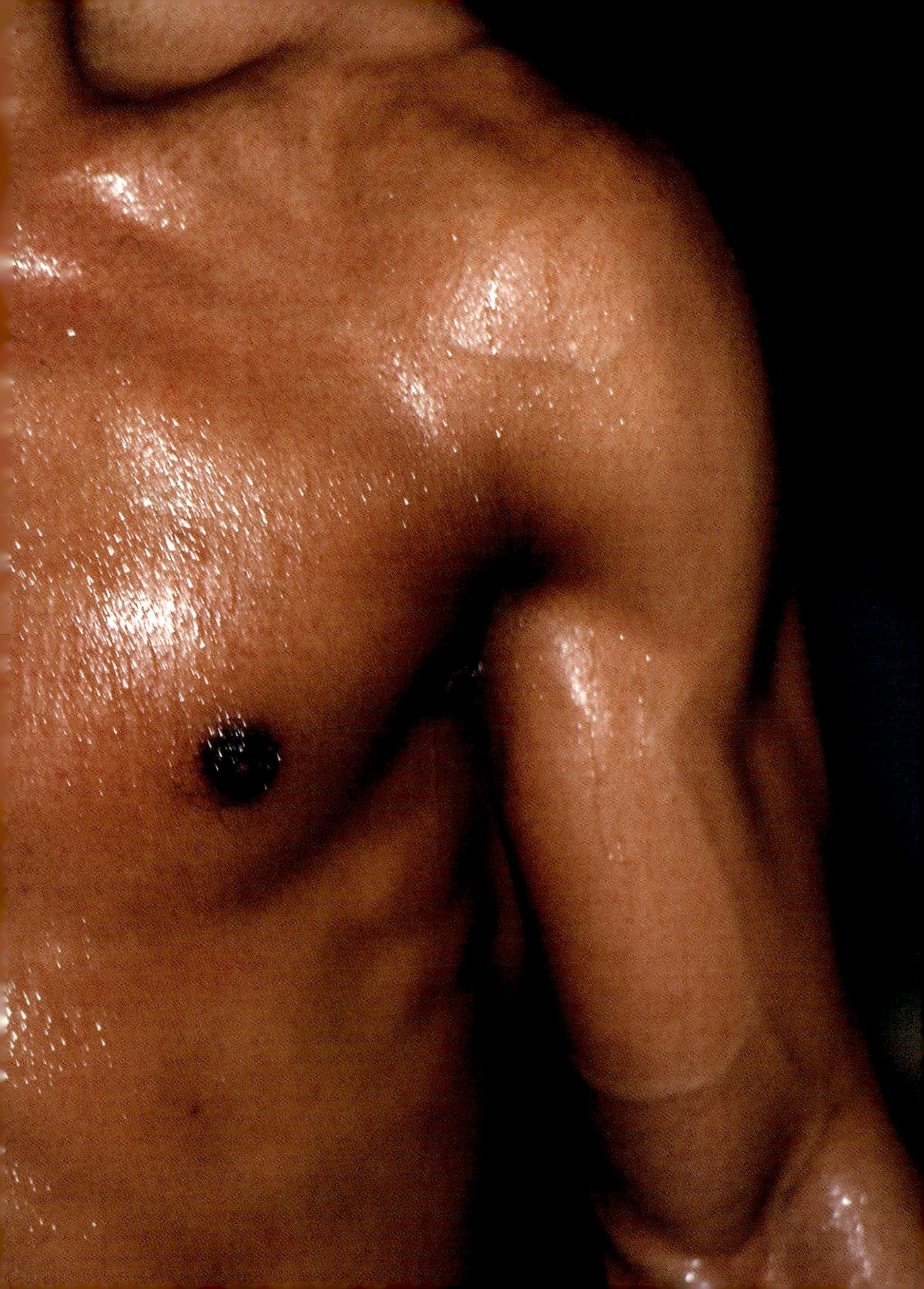

五年の空白があった。
しかし一年間の厳しいトレーニングで、ボクサーの肉体は完全に甦ったようにみえた。

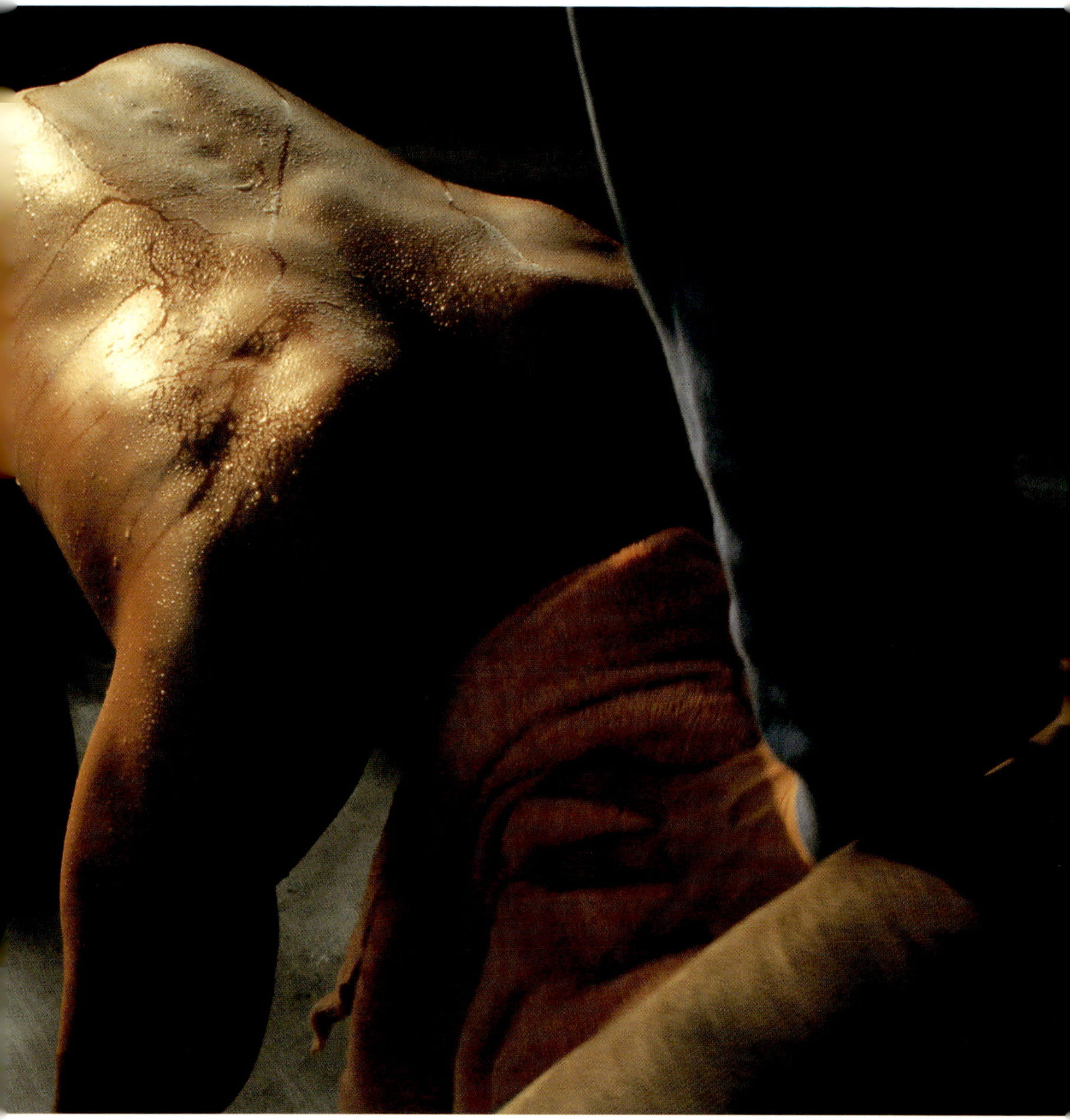

試合が近づくにしたがって、鍛えられた肉体はさらに削ぎおとされていく。
肉体と精神があやうい均衡を保って、ボクサーはリングに向かう。

光のなかへ

再起第一戦　後楽園ホール

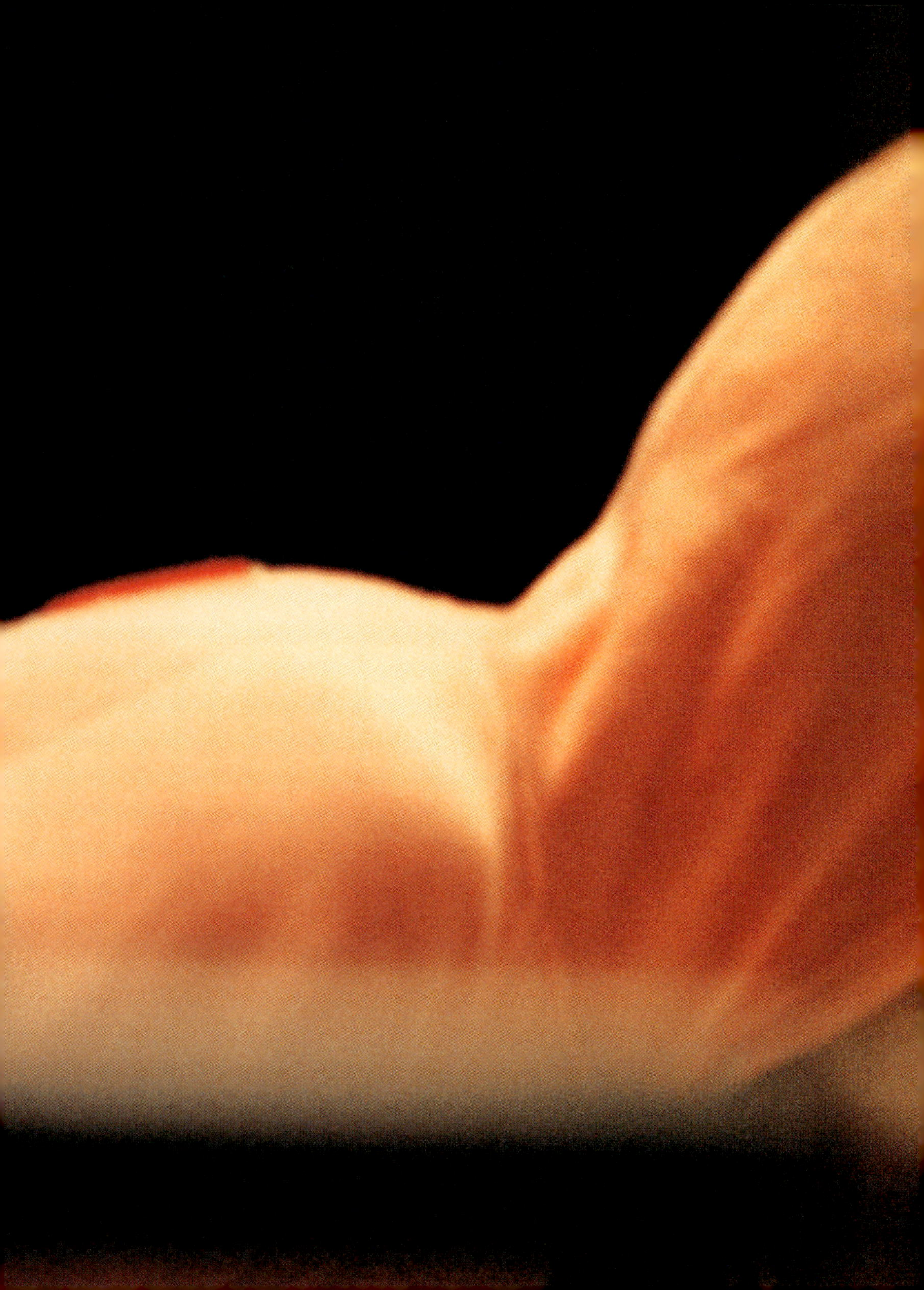

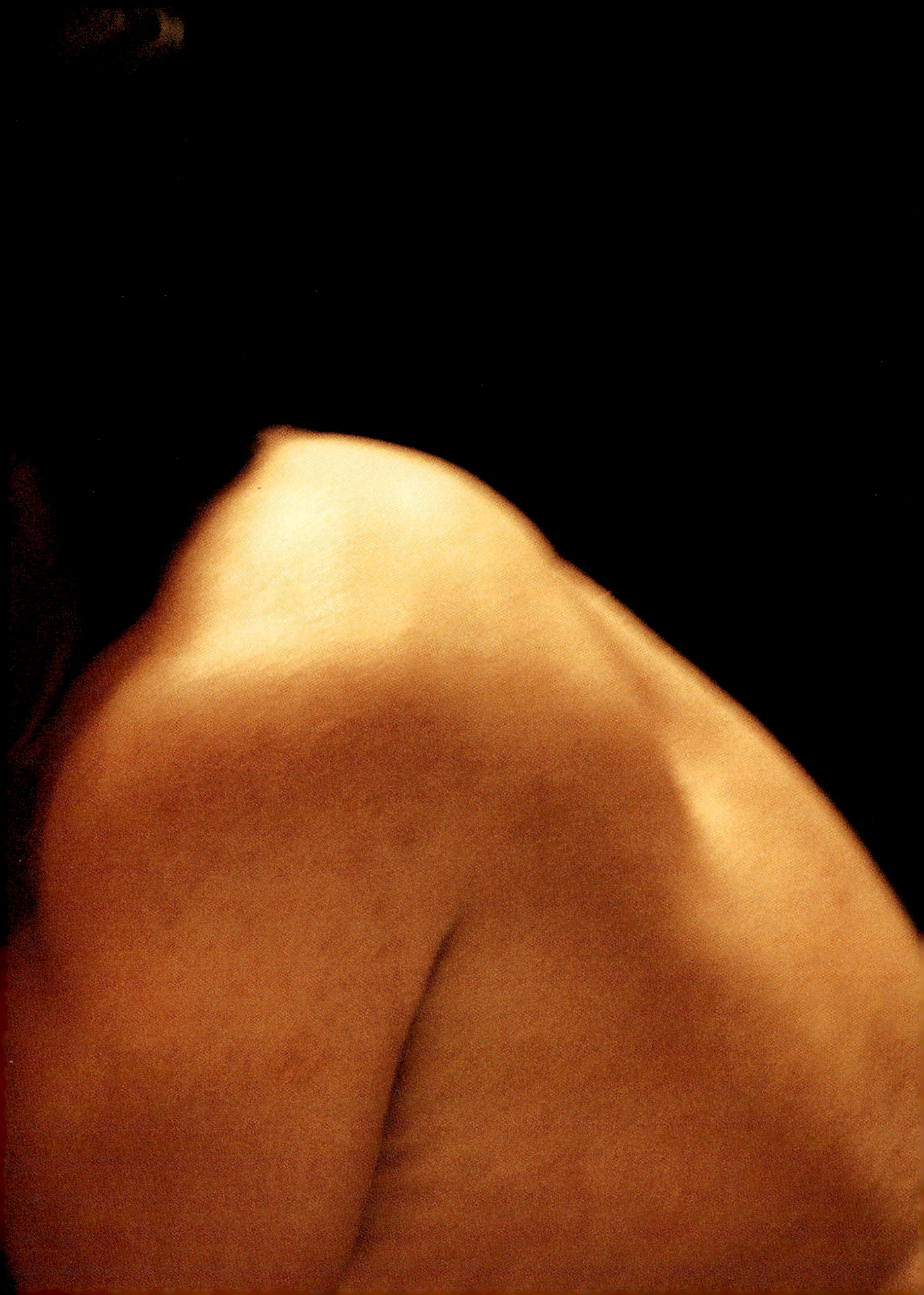

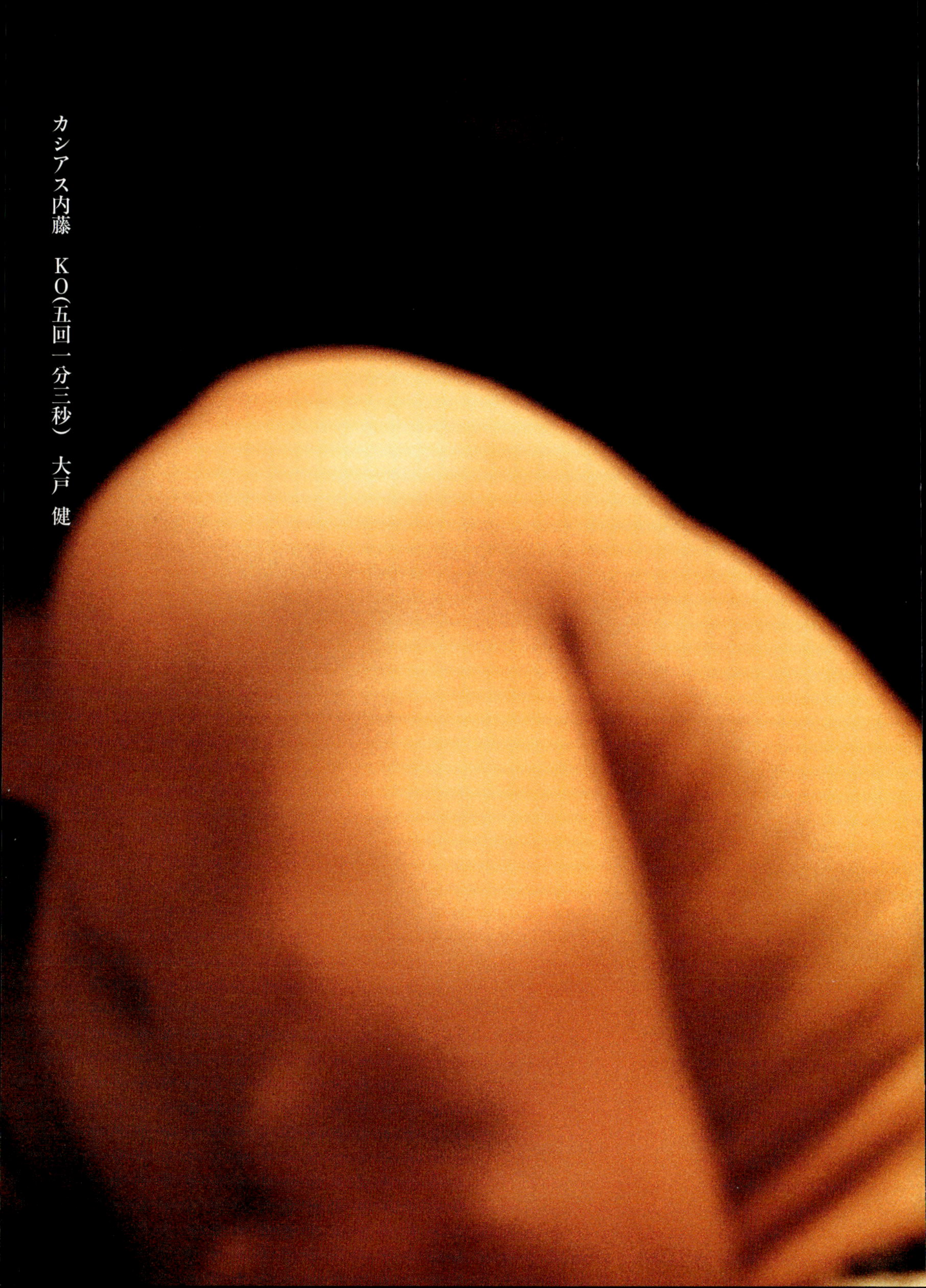

カシアス内藤　KO(五回一分三秒)　大戸　健

リングに向かうカシアスにエディさんは言った。
「殺すのよ！」

CAS

再起第二戦　後楽園ホール

カシアス内藤　ＫＯ（七回一分三十一秒）　羽草勉

線路わきにあるそのジムは、滲みのついたベニヤむきだしの壁、
きしむ板張りの床、そのどれもがハングリーそのものだった。

節水

SATISFACTION GUARAN
OR
DOUBLE YOUR TRASH
C.O.
15 MINUTES
PARKING ONLY

HAZARDOUS AREA
KEEP OUT
危険区域
立入禁止

横浜根岸の米軍キャンプ。
彼はそこに立っている星条旗を背に日々のロードワークをつづけた。

유제두후계자결정전東洋미들급참피온決定战
유제두東洋타이틀 반납!! 유제두은퇴식거행!!
柳濟斗
12R
朴 鍾 八
(東洋미들級一位)
케시어스·나이또
(東洋미들級二位)
8月22日(水)
문화체육관
10R
10R
認定: OPBF.KBC
後援: MBC·TV
JINRO VODKA
로진스키
Rodzinsky
WORLD JR.WELTER WEIGHT CAMPIONSHIP
世界타이틀매치
洪思豊
大会長盃
15R
안토니오·세르반테스
김광민
8月25日(土)
장충체육관
20,000
5,000
1,500
認定: WBA·KBC
後援: TBC·TV· 고려인삼제품(주)
인삼넥타·인삼드링크
잣죽 수정과 식혜
人蔘茶및 각종 人蔘製品
高麗人蔘製品株式會社

Coca-Cola
Coca-Cola
Coca-Cola
Coca-Cola
KJ
SEOUL
眞露

蒸し暑い夜だった。
狭苦しい控え室を出て、 ぼくらは階段の下で試合を待つことにした。

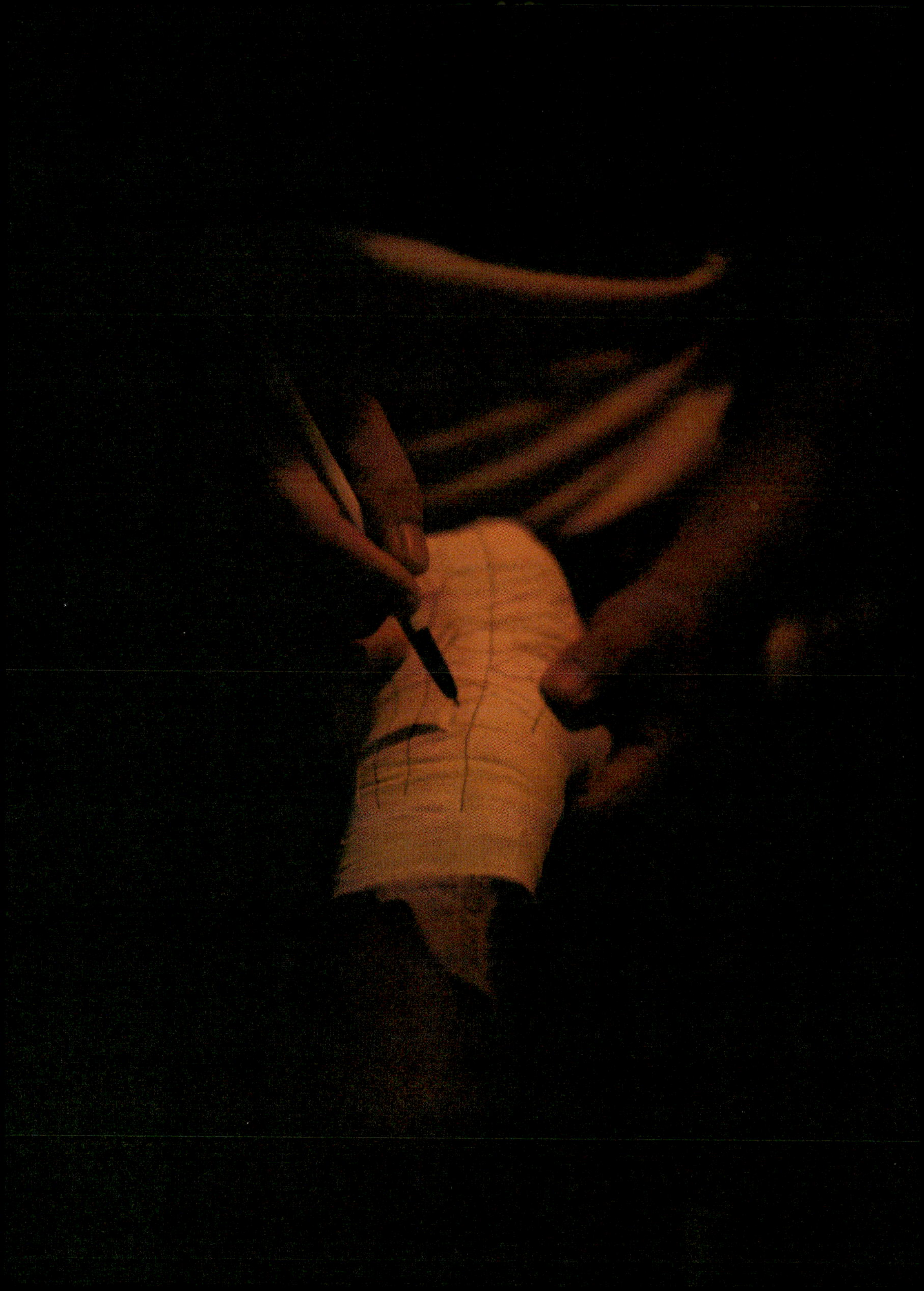

東洋ミドル級王座決定戦　ソウル文化体育館

すべてが敵にみえた。
おそらくカシアスの勝ちを望んでいるのは
ぼくらだけだろう。

ファインダーの中のカシアスは、いつもとまったく違ってみえた。
その時、ぼくはほとんど彼の勝ちを信じていた。

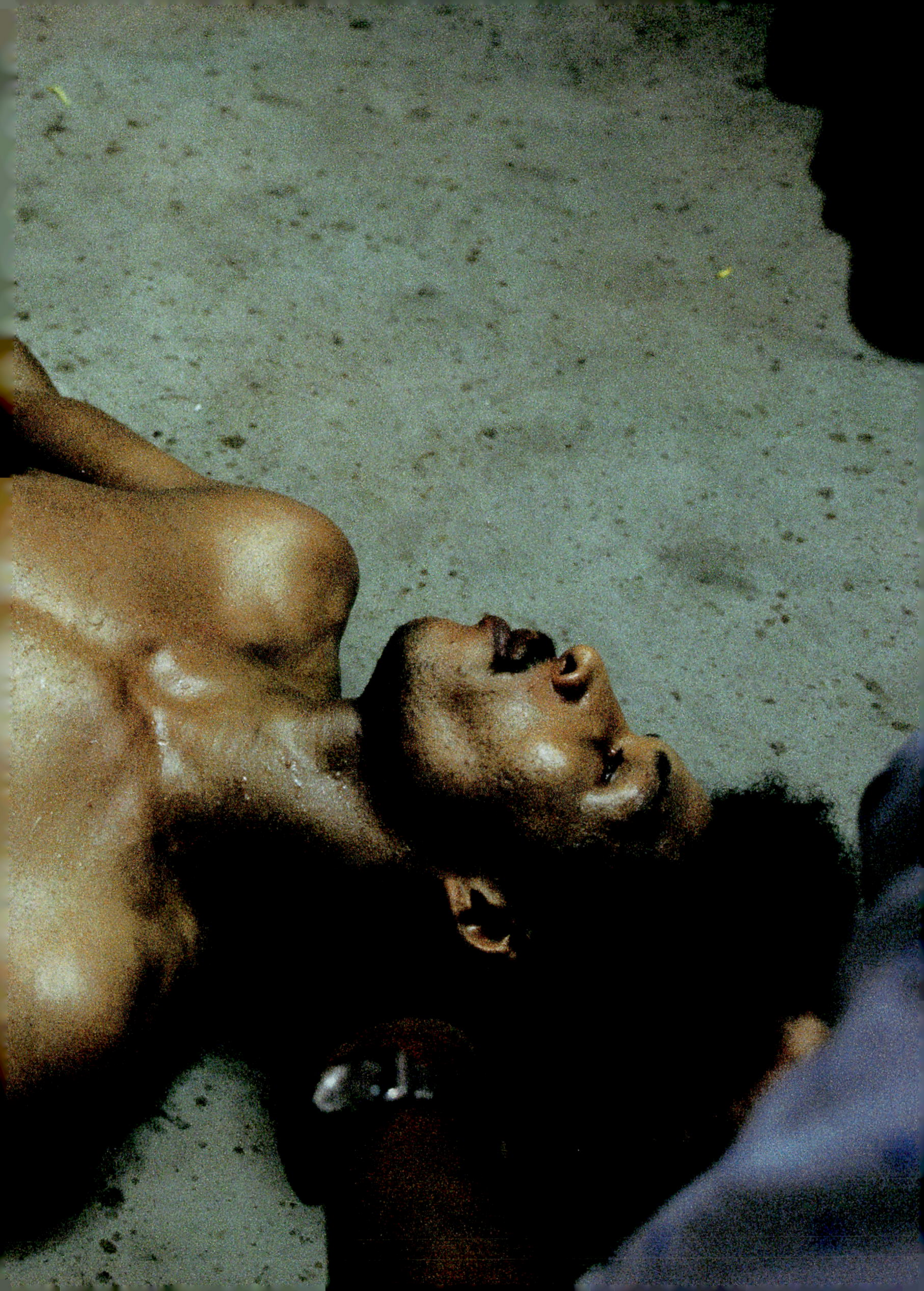

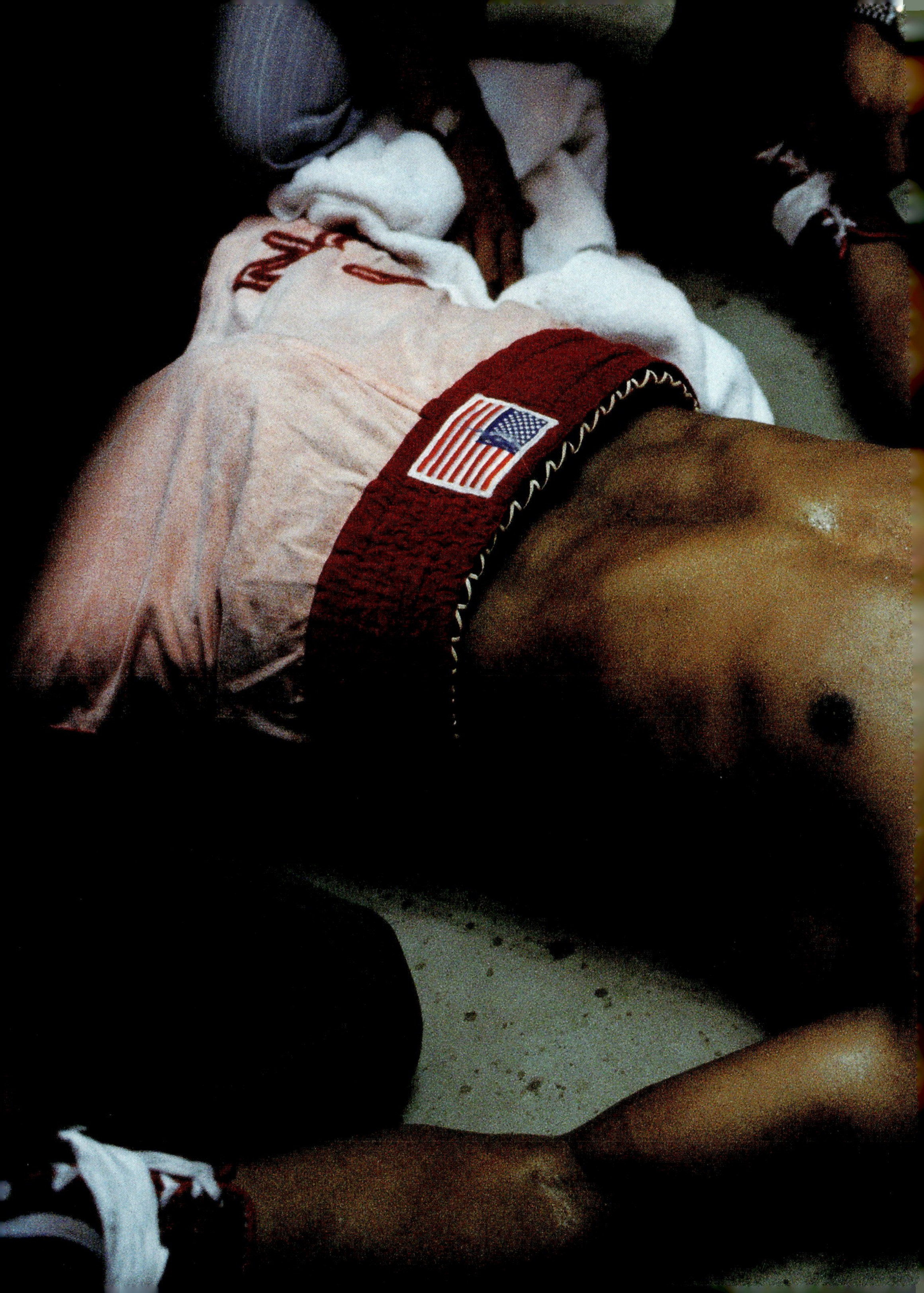

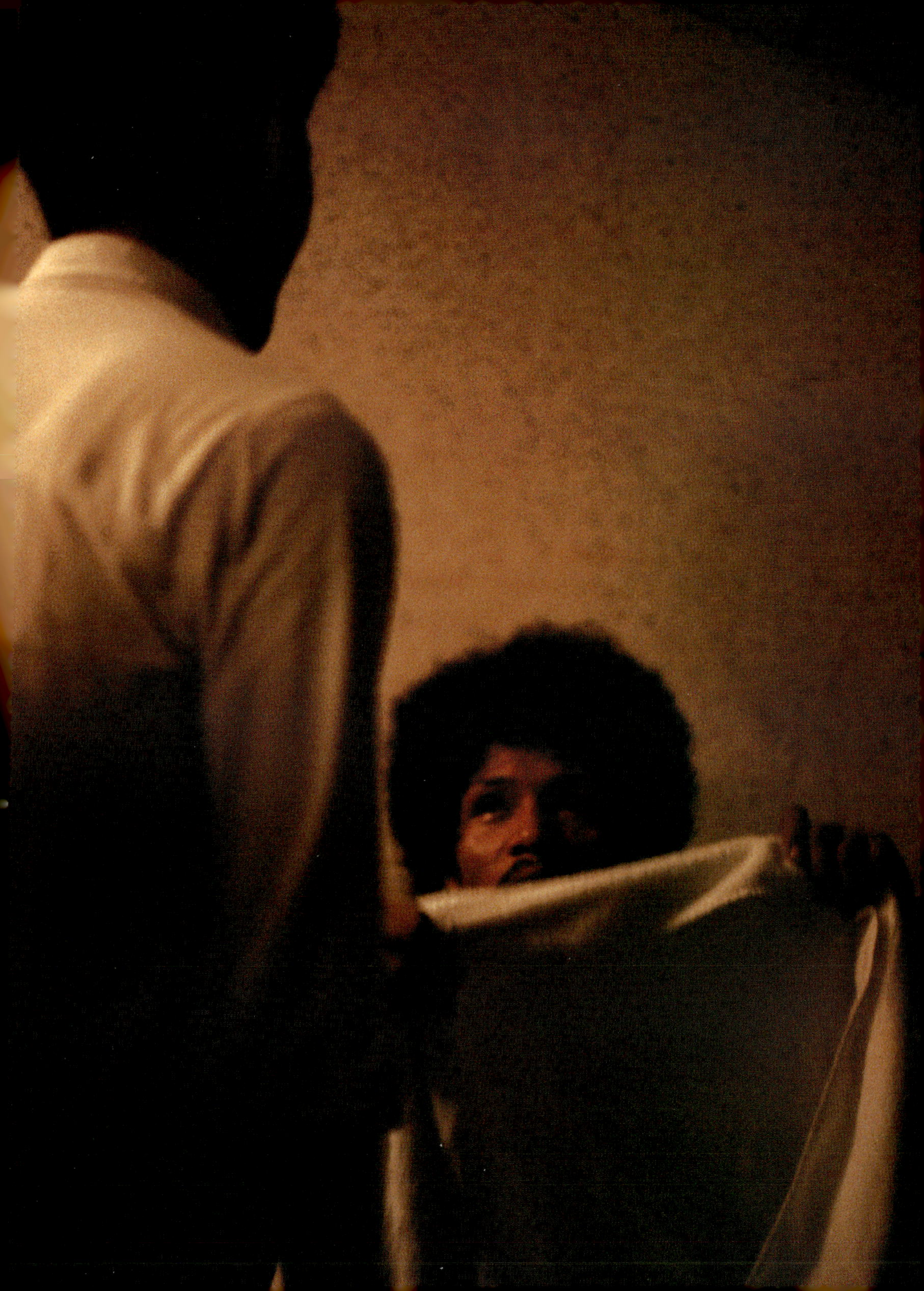

朴鐘八　ＫＯ（二回一分五十五秒）　カシアス内藤

リア

沢木耕太郎

港の傍に建つ古めかしい造りのホテルが見えてきた。腕時計に眼をやると、約束の時間までは三十分以上もあった。私はホテルの少し手前の交差点でタクシーを降り、道路と海にはさまれて細長く広がっている公園に入っていった。そこでぶらぶらしながら時間をつぶそうと思ったのだ。

土曜の昼下がりということもあったのだろうか、公園の中にはかなりの人出があった。私は、海沿いの、コンクリートで舗装された散歩道をゆっくり歩いた。いかにも弱々しげな秋の陽を受け、海の水は意外なほど綺麗だった。もちろん澄んでいるとはお世辞にもいえないが、立ち止まり、手すりから身を乗り出すようにして覗き込むと、一応は底まで見通すことができる。かつて私がこの町の学校に通っていた頃、授業をサボってはこの公園で茫然と刻を過ごしていたのだが、その頃はこれ以上に海は汚れていたはずだ。木片やビニールやミカンの皮などが浮き、水もドロリと緑色に濁っていた。しかし、その汚さが、その頃の私にはむしろ心を和ませてくれるような気がしたものだったが……。

海に向かって数メートルおきに並んでいる散歩道脇のベンチは、ほとんどが男女の二人連れに占拠されていた。黙って沖を眺めていたり、大きな声で笑っていたり、その様子はさまざまだったが、若いということだけは共通していた。だがその中でただひとつ、屋台のポップコーン売りのおばさんが携帯用の小型ラジオをつけっぱなしにして居眠りしている傍のベンチだけは、アベックが坐っていなかった。かわりに老人がひとり、ベンチの端に坐っていた。そこなら恋人同士の囁き合いを邪魔することもないだろうと思い、私は老人と反対側の端に腰を下ろした。

港は静かだった。右手には、船の役目を放棄した観光のための船が繋留されており、左手の桟橋には、船の姿はなく、ただ倉庫が立ち並んでいる。動くものといえば、沖に碇泊している二隻の船のあいだに見え隠れするタグボートくらいだろうか。水もほとんど動かない。波はなく、微かなたゆたいがあるだけだ。ぼんやり水面に視線を向けていると、その気怠いたゆたいに心が引き込まれそうになる。

その時、不意に黒いものが眼の前をよぎった。視線を向けると、十メートルほど離れたところに、散歩道から海に突き出すようなかたちで半円の遊びの空間があり、そこに何十羽ものハトが群れていた。まるでカラスのように、薄汚れて黒くなっているドバトの群れだった。その中央に、ようやくひとりで歩けるようになったばかりといった年頃の男の子が、自分の頭ほどのポップコーンの袋を抱え、その中身をあたりにばらまいている姿があった。ハトは、コンクリートの上に散乱しているポップコーンをせわしない首の振り方でついばみ、喰い散らかしている。男の子はそれを見て、キャッキャッと声を上げて喜んでいた。しかし、やがて、その袋の中身を狙ってハトが彼の肩や背中や頭に群がりはじめると、急に恐怖心が湧いてきたらしく、大声で叫びながら、近くで見守っていた父親の足にかじりついた。父親は笑いながら男の子を抱き上げ、群れの中に踏み入り、足を振り回してハトを追い散らそうとした。だが、ハトはそのような威嚇にはほとんど反応せず、少しだけ羽をバタバタとさせるると、また平然と散乱したポップコーンをついばみはじめた。父親は苦笑し、男の子の耳元に何事か話しかけながら、そこから遠去かっていった。

大方のハトは盛んにポップコーンをついばんでいたが、一羽だけ、父親が追い散らそうとした瞬間に逃げ出したハトがいて、それが私のベンチの前に舞い降り、うろうろしていた。首の周囲は玉虫色に光っているが、全体は暗灰色に汚れている。そして、仲間にいじめられでもしたのか、頭の毛がむしられてハゲてしまっている。そのハトの落ち着きのない動きに眼をとめているうちに、急に不安がふくれあがってきた。

――あいつは、この一年、うまく切り抜けることができたのだろうか……。

これから久し振りに会うことになっている内藤が、果して現在どんな日々を送っているのか、私にはうまく思い描くことができなかった。いまはもう、彼は私の知っているカシアス内藤というボクサーではなく、内藤純一という、三十一歳のただの男にすぎなくなっているのだ。

去年の夏、私は内藤と共に韓国のソウルへ出かけた。そこで東洋の王座を賭けた大事な試合をするためだった。しかし、その試合に敗れると、私は彼から意識的に遠去かった。その夏に到るまでの、私たちの濃密で頻繁な往来を知っている者の中には、そのような私の態度が冷たいものと映ったようだった。だが、たとえどう思われようと、私は以前と同じような関わり方をするつもりはなかった。ある時期、ある目的のために、共に力をつくして生き切ったあとで、まだダラダラと結びついているというのは気持が悪かった。すべてが終った以上、あとはそれぞれの道を歩いていけばいい。それで二人の関係が切れたというのではない。また何かあれば、再び会って、一緒に歩みはじめるかもしれない。だが、それまでは離れていた方がいい。必要ならば、偶然という名の必然が、また互いに二人を呼び寄せてくれるだろう。私はそう思っていた。

それが今日、急に内藤と会うことになったのは、私が一週間前にラスヴェガスでヘヴィー級の元世界チャンピオンたちのうら哀しい姿を見たことが直接の原因だったかもしれない。レオン・スピンクス、フロイド・パターソン、ケン・ノートン……。とりわけホテルのバーで会ったケン・ノートンは、事業に失敗し、無一文になってしまったので、またリングに逆戻りしなくてはならない、と口元に自嘲的な笑みを浮かべて語っていた。

私は日本に帰り、少し心配になって、内藤のアパートに電話をした。平日の昼間だったが、思いがけず内藤が直接出てきた。水商売から昼間の力仕事にかわったと聞いていたが、いったいどうしたというのだろう。それが気にかかり、久し振りに会わないかと誘った。すると内藤も、久し振りにいいですねと答え、日時はいつでもかまわないと言った。その返事で心配は増した。水商売からかわったという仕事が、長つづきしなかったのだろうか……。だが、私はそれについては深く訊ねず、今度の土曜に昼飯でも喰おう、と約束して電話を切った。利朗に連絡すると、彼も来るという。そこで、私はみんなと一時にホテルのレストランで落ち合うことにしたのだ。

しかし、そう約束はしたものの、私の心のどこかに、あるいは内藤が荒んだ生活をしているのではないか、という恐れがあったのかもしれない。その日から今日まで、私は妙に落ち着かない日々を過ごしていた……。

突然、どこからか女性の声がスピーカーに乗って流れてきた。どうやら右手の観光船の乗り場ちかくからのものらしい。港内一周の遊覧船の出航が間近に迫っているというのだ。一時出航予定の船にお乗りの方は急いで下さい、と何度も繰り返している。腕時計を見ると一時五分前になっている。私は腰を上げた。

＊

重いガラスの扉を押し開け、私はホテルの中に入っていった。久しく来ないうちに、急に内部が狭くなってしまったような、奇妙な感じがした。

ケーキのケースが置かれているレストランの入口で、テーブルを見渡していると、若いウェイターが近づいてきた。

「おひとりでいらっしゃいますか？」

待ち合わせだと答えようとして、さらに視線を移していくと、窓際の隅の席で利朗が手を上げているのに気がついた。ウェイターがどこかの席に案内しようとするのを制し、そのテーブルに向かった。

「待った？」

私が前の椅子に坐りながら訊ねると、利朗は煙草を灰皿で揉み消して、いや、と小さく呟いた。しかし、テーブルに冷たくなったコーヒーがカップに半分ほど残っているところを見ると、かなり前から来ていたようだった。

利朗と会うのも久し振りだった。仕事の調子を訊ねると、まあまあ、といつもと同じのんびりした口調で答えた。彼が雑誌などでポツポツとではあるが仕事をさせてもらっているらしいことは、送られてくる雑誌で知っていた。カシアス内藤を私と一緒に見守りつづけるという経験が、どこかでカメラマンとしての力を身につけさせることに役立っていたのだろう。

かつての利朗には、職業的なカメラマンとしては何かが欠けている、といったようなところがあった。あるいは、それはエディ・タウンゼントがカシアス内藤に対して感じつづけていた何かと同じものだったかもしれない。当然のことながら、プロとしての仕事はほとんどなかった。もちろん、だからこそ、発表するあてのないまま、ジムに通っては内藤を撮りつづけるというようなことが可能だったのだ。しかしある時、気がついてみると、彼は私たちのチームに欠くべからざる存在になっていた。利朗は、私たちと共にあっても、自ら喋るということはほとんどなかったが、彼がいることでどれほど救われたかわからない。内藤と私、内藤とエディ、あるいはその三人が鋭い緊張関係に陥った時、彼の存在はひとつの風穴となって大爆発を防いでくれたものだった。私たちは常に彼をカメラマンとしてではなく、チームの仲間のひとりと考えていたが、いつの間にかカメラマンとして少しずつ成長していたらしい。ソウルでの試合に敗れ、「チーム」が散り散りになったあとで、気がつくと、利朗はカメラマンとして一人立ちをはじめていた。

「来たみたいだよ」

利朗の声で眼をやると、レストランの入口に、大きな体の内藤と、その腕につつみこまれるようにして抱かれている幼女の姿が見えた。内藤は私たちを認めると大股で歩み寄ってきた。その後ろにはゆっくりした足取りで近づいてくる裕見子もいる。内藤は私と視線が合うと、照れたような笑みを浮かべた。

私たちがそれまでいた窓際の席に、五人も坐るのは無理だったので、席を別のテーブルに移させてもらった。ウェイターのひとりが、素早く子供用の背の高い椅子を持ってきてくれた。内藤は自分と私との席のあいだにその椅子を置いてもらい、そこに幼女を坐らせた。見慣れない場所に連れてこられ、いくらか緊張しているらしく、幼女はキラキラした眼であたりを見ている。

大きくなったな、と私は思った。一年前に見た時より確実に大きくなっている。その時は生まれたばかりだったのだから、一年のあいだに成長し、大きくなっているのは当然なのだが、ただの赤ん坊ではなく、ひとつの人格をもった存在として、眼の前に坐っているということが驚くべきことのように感じられてならなかった。

ソウルでの試合が終わったあと、私はほとんど内藤と会うことはなかったが、それから三カ月後、一度だけ彼のアパートを訪ねたことがあった。子供が生まれたことを知り、お祝いを持っていったのだ。

子供は女の子だった。内藤は以前から男の子が生まれると固く信じていたので、あるいはガッカりしているのではないかと心配していた。試合の前夜、間もなく生まれてくる子はきっと男の子だろうから、どうしてもチャンピオンの子として生まれてこさせてやりたいんだ、と内藤が言うのを聞いたことがあったからだ。しかし、会うと、そんなことはすっかり忘れたように、生まれてきた子に満足していた。

部屋の中央にベビーベッドが据え置かれ、そこにようやく人間らしい顔かたちが整ってきたばかりの赤ん坊が寝かされていた。肌の色が浅黒かった。確実に内藤の血を引いているということのわかる色の黒さだった。しかし、産後でいくらか太り気味の裕見子は、それを気にかけるという様子もなく、むしろ誇らしげに言った。

「見てください、この子の手。私の手より、もう黒くなっちゃって」

内藤も、素朴な驚きを声に含ませ、それに続けた。

「不思議だね。生まれてきた時はけっこう白かったのに、だんだん黒くなっていくんだ」

「どっちに似てるんだろう」

私がどちらにともなく訊ねると、ふたりは同時に声を上げた。

「ジュン！」

「俺！」

私は笑いながら言った。

「そうかなあ……俺にはよくわからないけど」

「ジュンのお母さんが言ってたんだけど、やっぱりジュンの小さい頃にそっくりなんですって。特にこの眉あたりが……」

赤ん坊はかすかに眉をひそめるようにして、不思議そうに私たちを見上げている。

「へえ……眉のあたりがね」

私が見比べると、内藤が自分も眉をひそめるような仕草をしてみせながら、言った。

「こんなふうにするところが、とても似てるんだって」

私は笑った。しかし、生まれて何カ月もたってないのに、眉をひそめるという仕草を知ってしまっている女の子が、私には痛々しく感じられた。もちろん無意識のものなのだろうが、彼女の未来に、そのような仕草をする機会が多くなければよいが、と思わずにはいられなかった。

「名前はなんというの？」

私は話題を変えた。

「リア」

内藤が答えた。

「リア？　どんな字を書くの？」

「まず、リカのリでしょ」

「梨花？　花の？」

「そうじゃなくて、リカ、勉強のさ」

「なるほど、理か。アは？」

「アジアとかいう時のア」

「亜ね。そうか、理亜か」

私が手のひらに指で字を書くと、その筆順を見ていた内藤が頷いた。

「確かに綺麗な名前だけど、しかしずいぶん凝った名前をつけたな」

私はいくらか冷やかすような口調で言った。すると内藤はむしろ嬉しそうにこう応じた。

「リアっていうのはね、インドネシアでサチコっていう意味らしいんだ」

「サチコ？　幸せな子？」

「そう、幸子」

何年か前、内藤はインドネシアで暮らしていたことがある。その時、リアという名の響きを耳に留めることがあったのだろう。そして、その名の意味が幸子であるのを知って、さらに強く印象づけられたにちがいない。子供が生まれ、女の子だと知って、理亜と名づけた。自分の娘に幸子という名を与えようとした内藤の気持は、彼の母親が自分の息子に純一とつけた気持と、相通じるところがあったのかもしれない。

しかし、私が理亜の顔を見ていると、内藤が小さな声で呟いた。

「それに……理亜って、アリの逆なんだよね……」

その言葉に、私は強い衝撃を受けた。内藤が、それほど深くあの男の存在に搦め捕られているらしいことが、私を辛い気分にさせた。内藤はまだカシアスという名を引きずっているのだろうか。だとすれば、あの、ソウルでの試合は、彼にとってどんな意味があったのだろう。結局、何ひとつ決着をつけられないまま終ってしまったということにならないか。

その日、私は重い気持を抱いて、内藤と別れたのだった。それから約一年、私は内藤と会うことはなかった。

いま、私の隣に坐り、おとなしくしている理亜は、以前に比べ、数倍も女の子らしくなっていた。一年ぶりの内藤も裕見子もほとんど変わりなかったが、理亜だけが際立って変化していた。

「大きくなったね」

私が言うと、裕見子が嬉しそうに応じた。

「ええ、平均よりもだいぶ大きいらしいんです」

そこにウェイターが注文を取りにきた。私たちは、簡単なコースになっている昼食のメニューから、それぞれカニコロッケとビーフシチューが主菜になっているコースを選んだ。

料理を待つあいだ、私たちは理亜について話しつづけた。理亜がいることで、本来ならぎこちなくなる可能性のあった私たちの会話が、なめらかなものになった。

「こいつ、とっても面白いんだ。俺がいたずらを叱ったりするじゃない。そうすると、泣くかわりに、すぐお世辞笑いをするんだ」

内藤がそう言って、怒った顔を見せると、確かに理亜は子供とも思えぬ複雑な笑いを浮かべた。困ったような、怒気をかわすような、しかしやさしい笑顔だった。それを見て、私は初めて内藤に似ているな、と思った。

料理が運ばれ、ナイフとフォークを動かしはじめても、話は中断されなかった。しかし、私たちは陽気に喋りつづけながら、慎重にあの夏のことを話題にするのは避けていた。その話になれば、まだいくらかは血が流れそうだったからだ。いまでもそのくらいの生々しさは残っていた。

さりげなく、私が最も気になっていたことを訊ねた。

「仕事は、どうした？」

子供が生まれた直後に水商売から足を洗ったことは知っていた。祝いに行った時、子供が生まれてみると、健康保険もないような夜の仕事がいやになったのだ、と彼の口から聞かされた。ディスコをやめ、友人の実家がやっている建設業を手伝うことになったという。建設業とはいえ、仕事の内容は一種のトビで、数十メートルもの高さがあるハイウェイに、命綱をつけて防音壁を取りつけるといったようなことをするらしい。私が彼の選んだ仕事の意外さに、うまくやっていけそうなのかと訊ねると、社会保険が完備しているのでなんとか頑張るつもりだと言っていた。しかし、数日前に電話した時の様子では、どこか妙な具合になっているようだった。

「仕事は、今日は休んだのかい？」

私は言葉を重ねた。

「やめたんだ」

内藤の答えに、やはりと暗い気持になりかけたが、すぐ気を取り直して訊ねた。

「どうして」

「怖くなったのさ」

内藤は、驚くほど明るい声で言った。

「怖くなった？」

その明るさに引きずられるようにして、私も頓狂な声を出していた。

彼が説明するところによればこういうことだった。内藤はこの一年、そのトビの仕事を真面目にやってきて、友人の親にも重用されるようになっていたが、最近になってその親と友人のあいだがうまくいかなくなり、友人が家を飛び出してしまったのだという。働き手の中心を失って困ったその親は、内藤に責任者となってやってくれ、ゆくゆくはすべてを譲ってやるからとまで言ってくれたが、やはり断った。必ずしも友人に義理を立てたというわけではなく、高い所にのぼり、命を張った仕事をするのが急に恐ろしくなったのだ、という。トビをしているうちに知り合った大工の親方が、うちに来ないかと勧めてくれたのも大きかった。その誘いをありがたく受け入れ、大工に弟子入りすることに決めたというのだ。

「今月いっぱいはゆっくり体をやすめて、来月から大工をやるつもりなんだ」

「大工か……」

「給料も前と同じだけくれるというし、手に職がつけば、いつか独立できるしね。その方が、こいつのためにもいいしね」

そう言って、内藤は理亜を見た。

「そういうことなのか……」

それならよかった、と私は思った。内藤が少しずつ現実的に、地道な方向に進んでいるらしいことが、嬉しかった。それも、すべては子供の誕生から発している。彼にとって、理亜が生まれたことは、極めて大きな意味を持っていたのだろう。私の横に坐っている内藤は、以前に比べいくらか太り、表情からとげとげしさが消え、すべてに充足しているようなゆったりした感じがあった。

テーブルに視線を戻すと、白いテーブルクロスに、誰かが滴らせてしまったらしいシチューが一滴、ポツリとついていた。その赤黒いシミは、キャンバスにこびりついたボクサーの血のようにも見えた。私はそのシミを見つめながら、内藤はボクシングの世界から離れることができて、よかったのかもしれないと思った。あの試合に負けて、よかったのかもしれない。

だが、もしそうだとするなら、あの試合に到る一年は、いったい何だったというのだろう……。

私は思わずぼんやりしていたらしい。急に背後で笑い声がし、椅子を動かしたり食器の触れ合ったりする音がして、われに返った。昼食時が過ぎ、レストランから人の波が引いていく頃合になっていたようだった。

窓のガラスを通して、外に眼をやると、舗道に六、七歳の少年と二、三歳の幼女が戯れながら駆け出していく姿が見えた。そのあとを若い夫婦がゆっくりとついていく。そこに漂っている安らかさは、眼の前の内藤の一家にも共通するものだった。

私は視線を理亜に戻して言った。

「この子のおかげかもしれないな」

「うん……」

内藤が生返事をすると、それまで黙っていた裕見子がはっきりとした口調で言った。

「そう、その子のおかげです」

「……」

「この子がいたから、私たち別れなかったみたい。いなかったら……」

「別れてた？」

私が訊ねると、裕見子が頷くと同時に、内藤も頷いた。

裕見子は、いくらか太ったせいもあるのか、かなり落ち着いて見えた。初めて会った時、内藤に気は強いけど泣き虫なんだと言われ、そうね、私ってすぐ泣くもんね、と恥ずかしそうに言っていたが、いまはもう、そんな彼女は想像もつかないほどどっしりとして見える。

笑いながら理亜を見つめている裕見子の顔は幸せそうだった。

＊

食事を済ませ、コーヒーを飲み、しばらく雑談したあとで、私たちは内藤のアパートへ行くことになった。理亜へのおみやげを用意してこなかった私が、どこかのデパートでオモチャでも買わないか、と言って立ち上がると、裕見子がそんな心配はしないでほしいと固辞した。そして、もしよかったらアパートへ来て、ひと休みしていってくれないか、と言った。内藤の強い勧めもあり、その場で別れてしまうのも寂しいような気がしていた私は、利朗と相談し、その誘いを受けることにした。

部屋の中の雰囲気は一年前とすっかり変っていた。中央にデンとベビーベッドが置かれていることは同じだったが、どことなく変っているのだ。それは単に、あたりにオモチャが散乱しているというだけでもなさそうだった。しばらく部屋の中を見まわしてみて、ようやくその理由がわかった。かつての、居心地のよさそうな二人だけの住まいから、赤ん坊を中心にした家族の住まいになっている。その生活の匂いが、この部屋をかつての空間と異なる印象のものにさせていたのだ。しかし、それは決して悪いことではなかった。

私たちはその狭い部屋の中で思い思いの場所に腰を下ろした。私はベッドに寄りかかって絨緞の上にあぐらをかき、内藤はステレオの前で理亜を抱いて足を伸ばした。

「まだ歩かないのかな？」

いまは部屋の隅においやられてしまっている木製のアームチェアーに坐った利朗が、煙草に火をつけながら訊ねた。すると、台所でコーヒーをいれていた裕見子が答えた。

「そうなの。少し遅いんだけど」

近所に同じ頃に生まれた男の子がいるのだが、その子はもうひとりで歩きはじめているという。理亜も何かにつかまれば歩けるが、すぐに膝をついてしまうのだという。

「ちょっと心配なんですよね」

裕見子が言うと、理亜を抱いていた内藤が、いくらか自慢するように言った。

「でも、こいつ、踊るんだよね」

「踊るって？」

利朗がびっくりしたように訊き返した。

「音楽に合わせて踊るんだ」

「どうやって？」

私も興味を覚え、訊ねた。内藤は含み笑いをし、それには直接答えず、理亜を絨毯の上に坐らせるとレコードを選びはじめた。

理亜は絨毯に両手を突き、あどけない表情で私を見つめている。その黒い眼で見つめられた瞬間、私の内部で痛みに似たものが走った。

急に大きなボリュームで、激しいリズムの曲が流れはじめた。内藤は理亜の両手を取ると、立ち上がらせ、

「ほら、踊ってごらん」

と言った。すると理亜は嬉しそうに笑い、両手を内藤に預けたまま、音楽に合わせて体を動かしはじめた。まだひとりで歩けない幼児とは思えぬほど、激しく、しかもリズムに合った動きだった。

私たちが嘆声も洩らすと、内藤は首をかしげながら言った。

「いつもより下手だなあ」

それが、いかにも父親の台詞らしいことが、私には微笑ましく感じられた。

裕見子が部屋の思い思いの場所に坐っている私たちにコーヒーを運んでくれた。私がベッドに寄りかかりながら、そのコーヒーを呑んでいると、絨毯にひとりで坐っていた理亜が、また不思議そ

うに私の顔を見つめている。そして、何を思ったのか、ハイハイをして私に近づいてきた。私が手を差し伸べると、理亜も手を出してきた。

「よいしょ」

私が声を出し抱き上げ、あぐらをかいている膝の間に坐らせると、極めて自然に私の胸に体をもたせかけてきた。それを見て、裕見子が意外そうに言った。

「どうしたのかしら、この子」

「………？」

私がその意味がわからず、怪訝そうな顔を向けると、裕見子が説明してくれた。理亜は本来とても人見知りの激しい子で、初めての人には怖がって近づきもしない。それなのに、自分から近づいて、しかも抱かれて満足そうな顔をしているのが、不思議でならないと言うのだ。

「特に男の人は怖がるのになあ」

内藤も不思議そうに言った。

理亜は私の膝の上でおとなしくしている。じっと抱いていると、理亜の体温が、洋服を通して伝わってくる。その時、再び、痛みに似たものが、体の中を走った。

去年の夏、ソウルでの東洋戦を前にして、私たちのあいだに鋭い亀裂が走ったのも、ある意味でこの理亜が原因だったと言えなくもない。

内藤、エディ、利朗、そして私の四人は、柳との東洋戦に向けて、ほとんど心をひとつにして前に進んでいた。その緊密な関係にヒビが入ったのは、柳によって一方的に試合が延期され、内藤の生活が苦しくなってからだった。あるいは、内藤が裕見子と二人だけの生活を考えるだけでよかったのなら、その苦境も乗り越えられたかもしれない。だが、その時、裕見子の胎内には、すでに理亜がいたのだ。二人はまだ正式に結婚してはいなかったが、その子供を産もうと決心した。内藤は、その子が生まれてくるまでに、どうしても生活のメドを立てなくてはならなかった。延期、延期が繰り返され、いつになるかわからない試合を当てにし、無収入のまま子供が生まれるのを待つ、というわけにはいかなかった。東洋戦の結着がつくまではと我慢に我慢を重ねていたが、ついに我慢しきれず内藤は再び水商売の世界に入っていった。苛酷な夜の仕事に、彼のすばらしかったコンディションはみるみる崩れていった。一年あまりにわたって鍛え抜いた体が、一カ月で崩れ去った。

東洋戦の相手が柳から朴にかわり、ようやく契約が成った時には、私たちの仲は修復が不可能なほどずたずたに引き裂かれていた。内藤は仕事と練習に疲れ、エディは内藤の状態に絶望し、私はその二人のあいだに立って苛立っていた。そして、内藤の体調が最悪の時に、ソウルへ向かわなくてはならなかったのだ。

日本から韓国へ向かう旅の、なんと物悲しかったことか。本来なら、どれほど晴れやかにしていても不思議ではない私たちが、箱崎のエアーターミナルを出発する時から沈み切っていた。気持がバラバラなのが皮膚に伝わってくる。それがいっそう気分を暗くしたものだった。

試合の結果はわかっていた。ソウルへの旅は、その確認をするための旅だったかもしれない。しかし、どこかで一分の奇跡を信じてもいた。あるいは、もしかしたら……。だが、やはり奇跡は起こらなかった。

裕見子が妊娠したと初めて聞いた時、大変な状況になったなとは思ったが、それがその後に決定的な意味を持つほど重要なものになるとは思っていなかった。だから、彼の周囲に、この大切な時に子供など持つべきではないという考えがあるのを知って、それはあまりにも激越すぎると思ったくらいなのだ。内藤の母親ですら、あなたたちはまだ若いのだから子供ならいつでも持てる、ここで子供を産んでしまうと最後のチャンスを逃がすことになってしまうかもしれない、と言っていたらしいが、私はそうは考えなかった。多分、そうは考えなかったはずだ……。

しかし、理亜を膝の上に抱いているうちに、次第に不安になってきた。そして、ふと、内藤から子供ができたことを初めて告げられた時の情景が甦ってきた。そうだ、あの時、私はそれを知って、思わずこう訊いたのではなかったか。

「で、産むつもりなの？」

いままで思い出しもしなかったが、確かに私はそう訊ねたのだ。その問いの中には、むしろ産まぬという答えを強く予期したところがありはしなかったか。だとするなら、それは彼の母親の言葉以上に残酷なところがあるものだった。で、産むつもりなの？

私は、理亜を抱いた瞬間に、体の中を走った痛みに似たものの正体がわかった。わかったような気がした。私は、この膝の上に坐っている生命を、一度は抹殺する側に立っていたのだ……。

膝の上の理亜がククッと笑ったような気がして、顔を覗き込んだ。しかし、理亜は少し眉間にしわを寄せ、ただ前を見ているだけの表情をしていた。

「お父さんのところに戻る?」

まだ言葉の喋れぬ幼女に向かって私は訊ねた。すると、内藤が立ち上がり、私の膝の上から理亜を抱き上げ、クルクルと振り回した。理亜はキャッキャッと声を上げた。

それを面白そうに何度も繰り返していた内藤が私に言った。

「こいつ、いちおう笑ってるけど、やっぱり怖いらしいのね。こうやって振り回したり、逆さにしたりすると、体が硬ばるのがよくわかるんだ」

私が黙って笑っていると、さらにこうつけ加えた。

「やっぱり、こいつも臆病らしい……」

利朗が私の顔を見て、珍しく苦そうな笑いを浮かべた。確かに内藤も臆病だった。その臆病の内藤が、リングに立って、初めて震えなかったのが、あのソウルでの試合だったのだ。しかし、まさにその初めての試合に、内藤は二ラウンドでノックアウトされてしまった……。

「臆病だって、かまわないさ」

私が言うと、理亜を振り回したまま内藤が言った。

「そうさ」

しかし、理亜への愛情にあふれた内藤の様子を見ながら、彼は果して臆病な男だったのだろうか、と思えてきた。彼は、とにかく置き去りにしなかったのだ。ひとりの男として、女性を引き受け、子供を引き受けた。それがどうして臆病なことがあろう。

柳から朴へと、困難なマッチメークに悪戦苦闘していた時、私は、内藤を置き去りにすることはできない、と思いつつ、頑張りつづけてきた。しかし、それは私の傲慢であったかもしれない。内藤は内藤で充分に人生を引き受け、勇敢に生き抜いていたのではなかったか。

そこまで考えついた時、私はほとんど打ちのめされるような思いがした。あの一年の影と光が反転し、負と正が一瞬にして逆転してしまったような気がしたからだ。賭けるべき大事な時に賭けられず、結局なにひとつ手に入れられなかったと思っていた内藤が、最も確かなものを手にしていた。置き去りにされていたのは、むしろ私の方だったのかもしれないのだ。

内藤が理亜と戯れている姿は幸せそのものだった。あるいは、あの試合に負けてよかったのかもしれない。ソウルへ出発する前日、勤め先のディスコの社長が、内藤に言ったという。勝つにこしたことはないけれど、おまえのこれからの人生にとっては負けた方がいいのかもしれない。それを聞き、私はそうではないと強く言った。やはり勝たなければいけない、どんなことをしても勝つべきだ、と。

しかし、あの時、もし勝つことだけを考え、裕見子とやがて生まれるべき理亜を置き去りにしていたとしたら、彼にどんなその後があったのだろう。どんな現在があっただろう。負けてよかったのかもしれない。いや、よかったのだ。いまは、そう思うべきなのだ……。

＊

「そろそろ、帰るか」

私は利朗に声をかけた。利朗はコーヒーカップをテーブルに置き、こちらに顔を向けて頷いた。

陽はすでに傾いていた。利朗の車が置いてある道路際まで、内藤は理亜を抱き、裕見子と共に見送りにきてくれた。

「また」

いつになるかはわからなかったが、車の中から私がそう言うと、内藤は理亜の小さな手を持ち、それを振りながら、

「また」

と言った。

三人は、車から見えなくなるまで、そこに立ちつづけていた。

路地から広い通りで出て、トンネルを抜け、また広い通りに出た時、私は独り言のように呟いていた。

「ハッピーエンド、かな」

すると、利朗が前方を見つめたまま、小さく応えた。

「そうだと……いいけど」

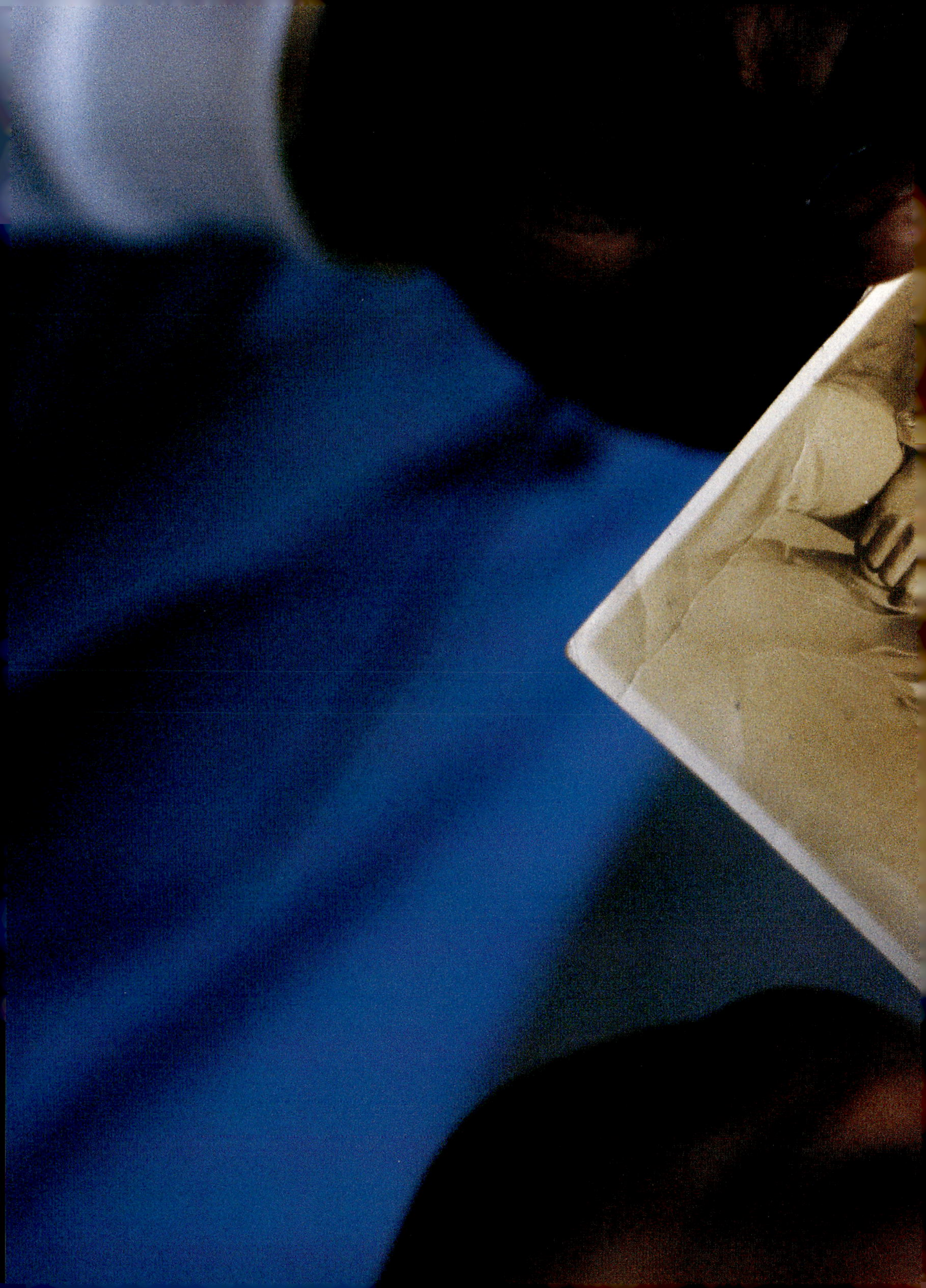

戦いのあとで

ソウルでの戦いから十年、ぼくらの前にひとりの若者があらわれた。

少年院で沢木耕太郎の『一瞬の夏』を読んだ彼は、ボクサーになりたくて、少年院を出るとその足で東京に向かった。五反田にあるワタナベジムでボクサー「大和武士」として、チャンピオンをめざしトレーニングを開始する。大和は持って生まれた身体能力の高さと、すばらしい素質を武器に、一気に全日本新人王になる。そして、日本ミドル級チャンピオン大和田正春の挑戦者としてリングに立つのだが、百戦錬磨のチャンピオンの前に成すすべもなく敗れた。

二度目のタイトル挑戦のチャンスがやってきた時、大和は沢木さんに連絡をとり、「カシアス内藤にコーチをしてもらえないか」と言ってきた。

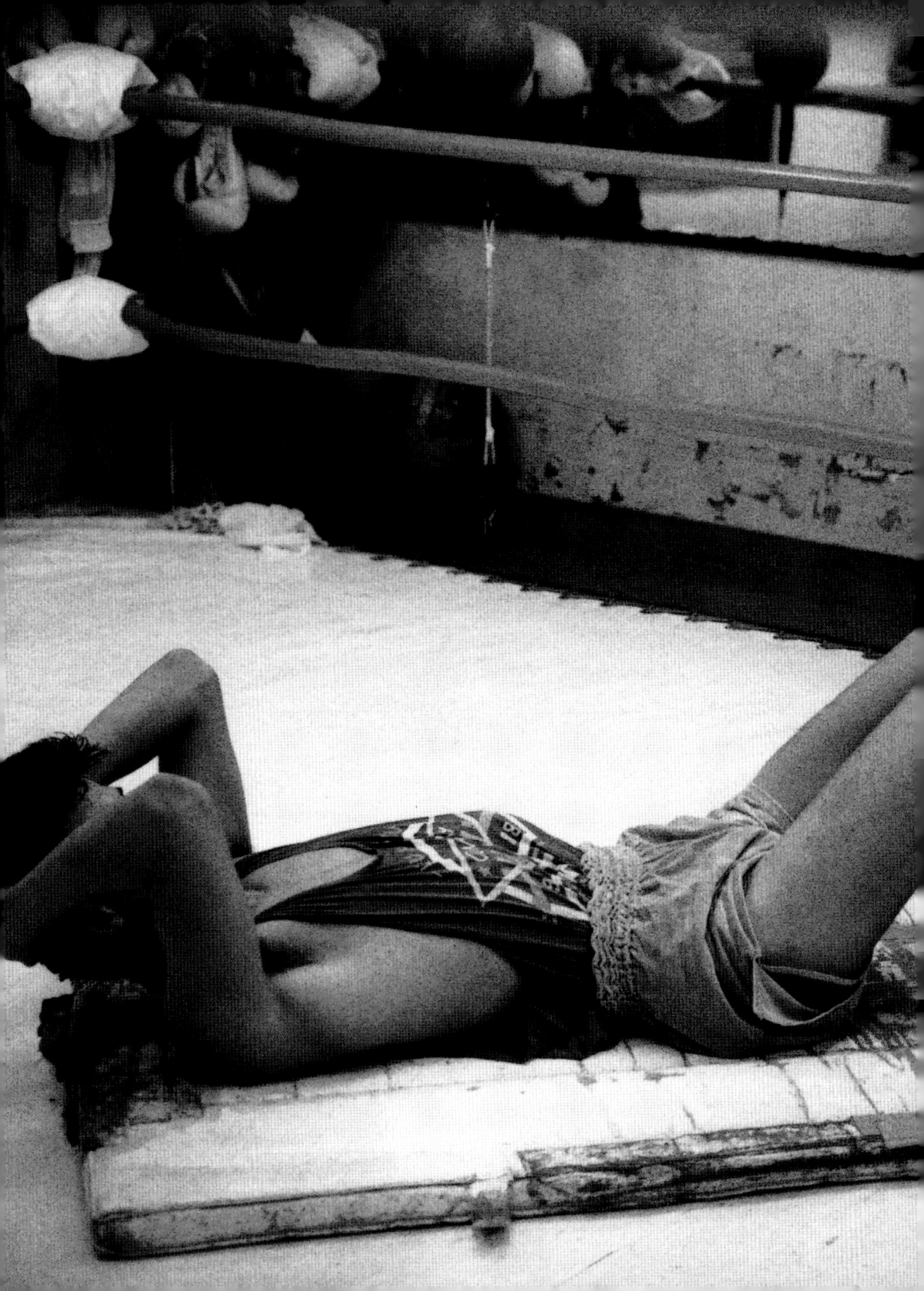

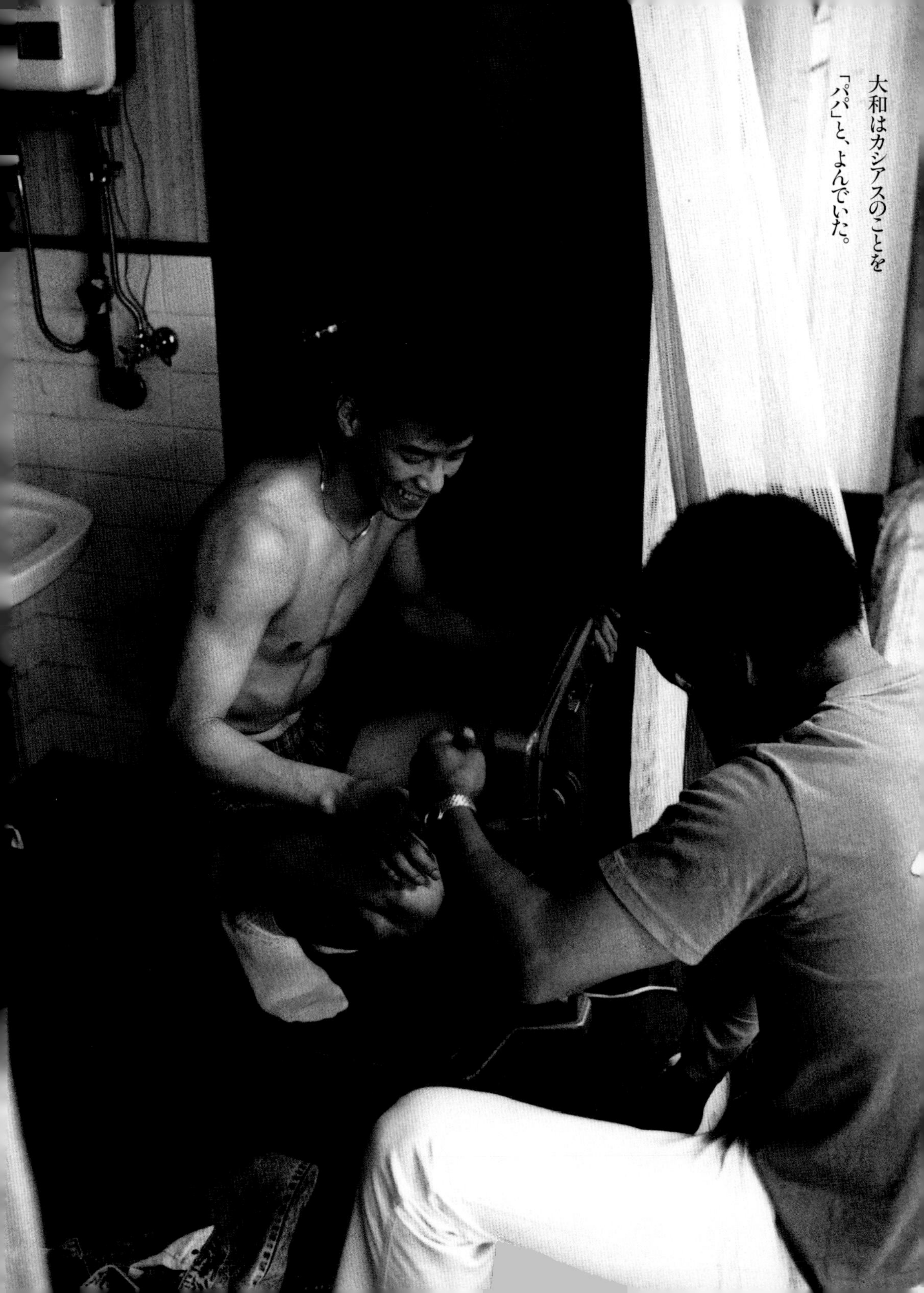

大和はカシアスのことを
「パパ」と、よんでいた。

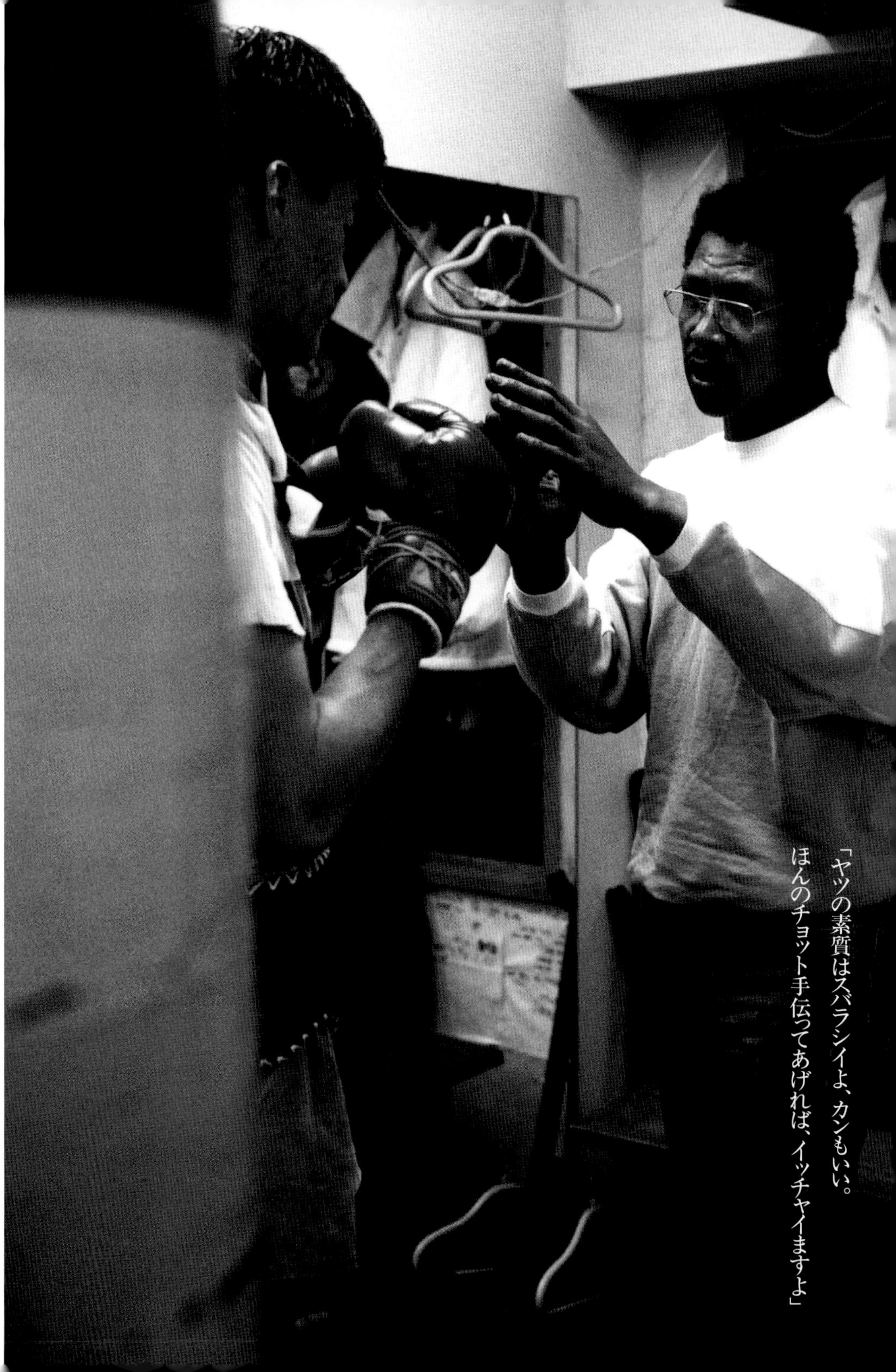

「ヤツの素質はスバラシイよ、カンもいい。
ほんのチョット手伝ってあげれば、イッチャイますよ」

松柳
ファイティング

大和武士　ＴＫＯ（四回五十七秒）　松柳俊紀

YAMATO

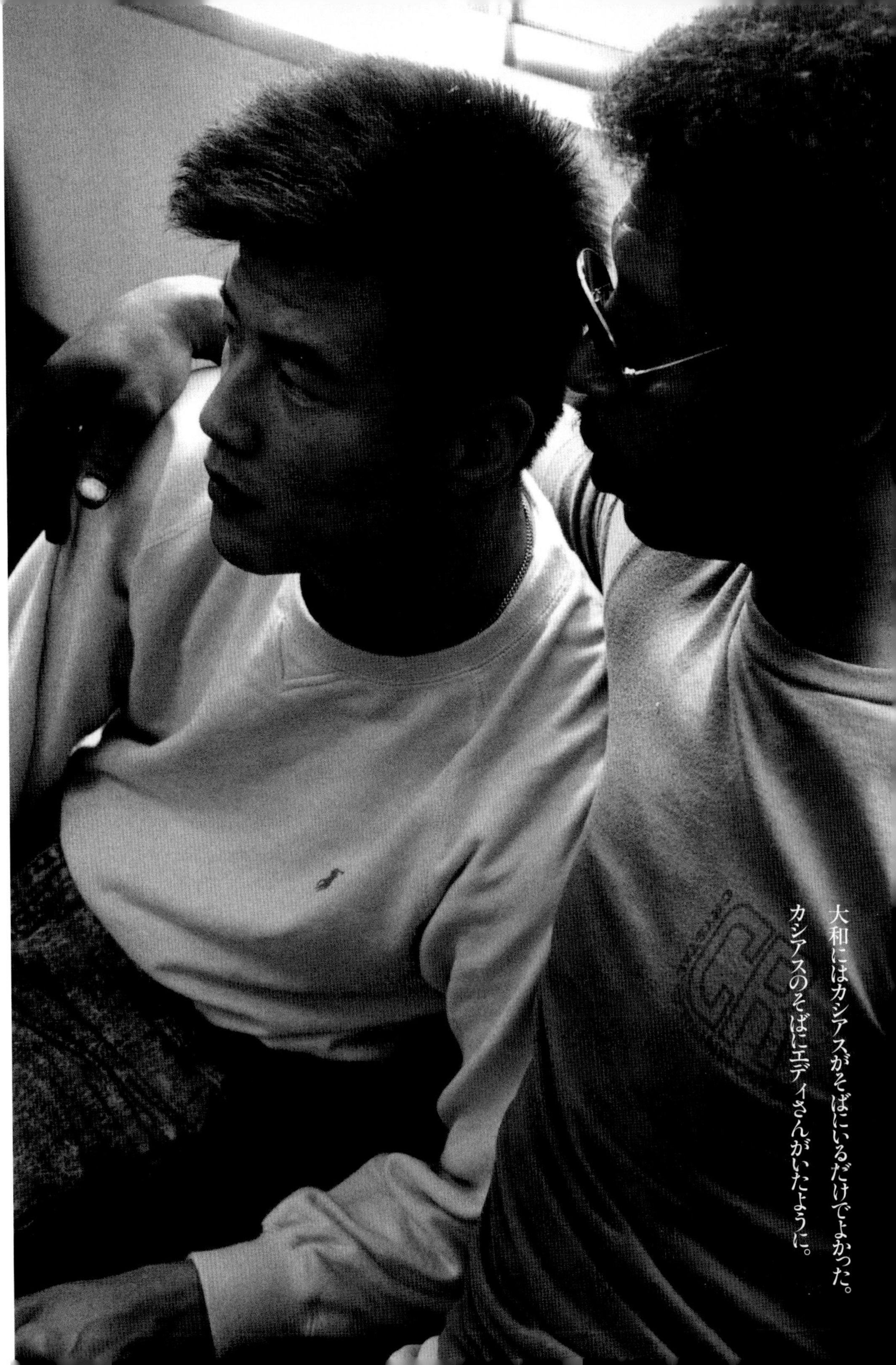

大和にはカシアスがそばにいるだけでよかった。
カシアスのそばにエディさんがいたように。

全日本新人王決定戦

「大和は気の弱い子、
向っ気だけは強いけど。
まるでオレみたいだよ」
カシアスは苦笑した。

難波商店街

OTAKA

AJIMA
BEL
KYOEI GYM

TAJIMA
BEL
KYOEI
GYM

田島吉秋　ＫＯ（四回一分五十四秒）　大和武士

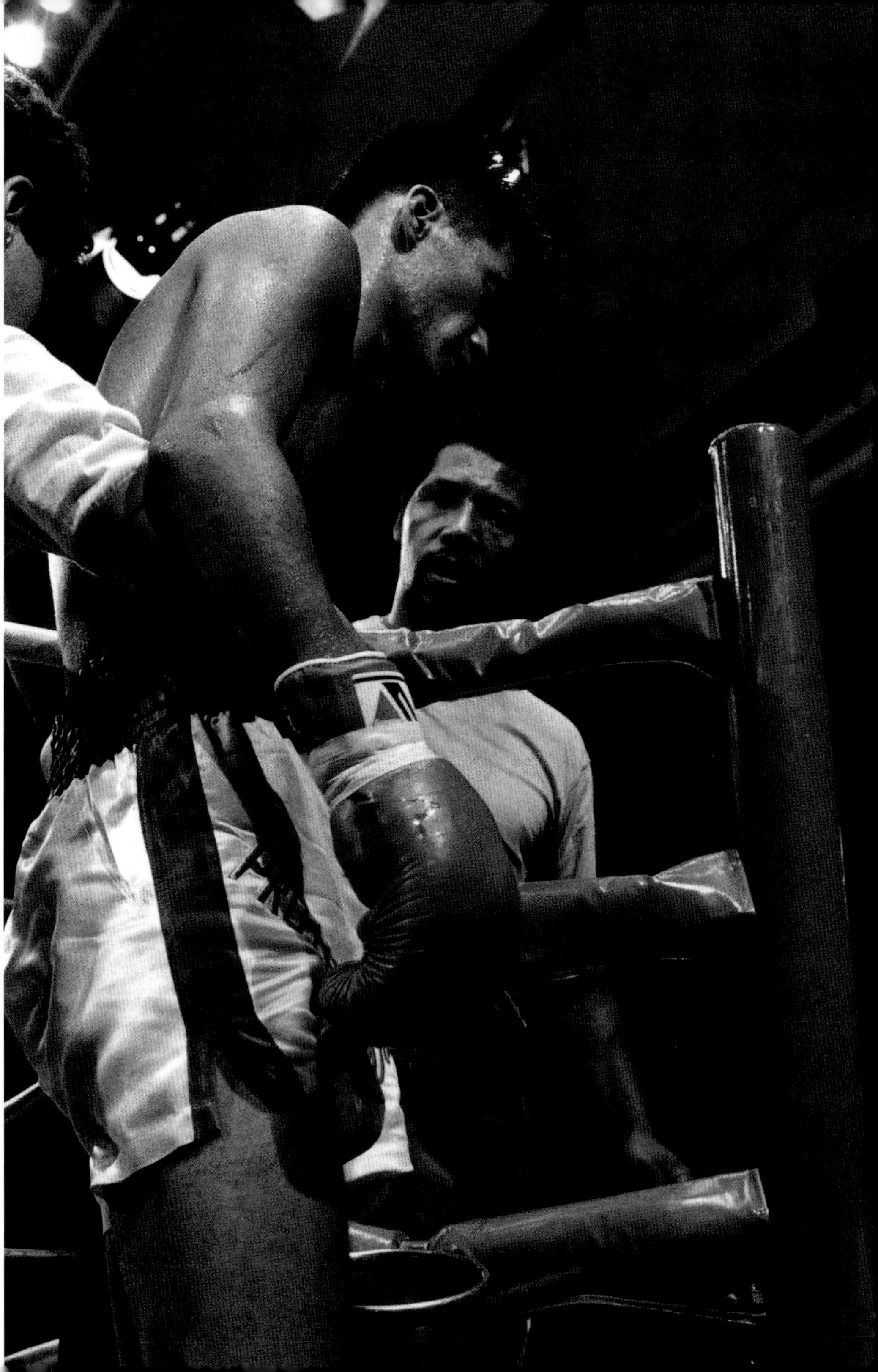

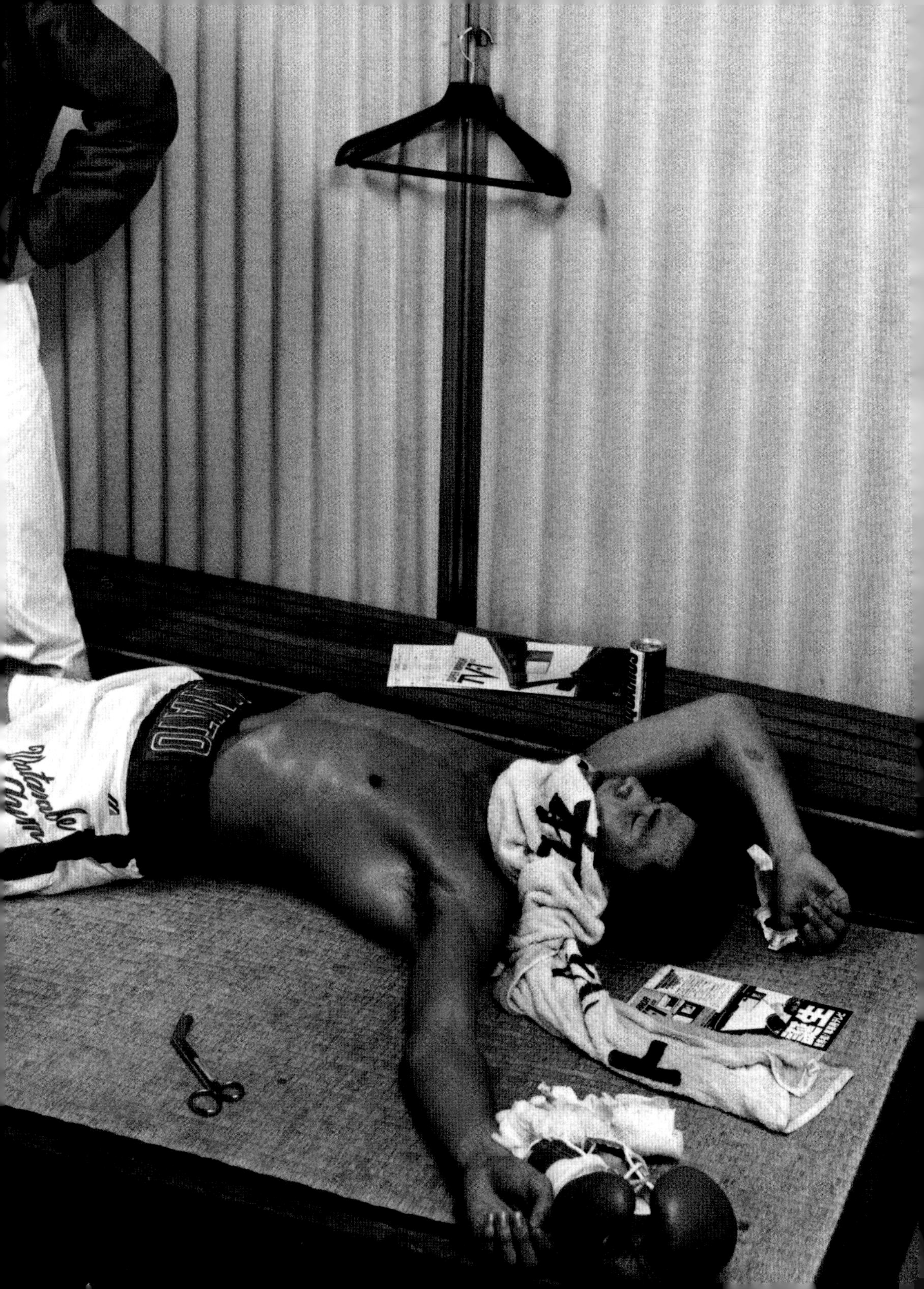

一日

沢木耕太郎

それは暖かく晴れた冬の日曜日だった。私は第三京浜を東京から横浜方面に向かう車の助手席に坐っていた。

川崎を過ぎた頃だったろうか、ハンドルを握っている利朗が訊ねてきた。

「それで、だいぶ悪いの？」

「さあ……」

私は口を濁した。実際、正確に病状を把握していたわけではないということはあった。しかし、にもかかわらず、その口調がつい暗いものになってしまったのは、患部が喉の奥という難しいところにあったからだった。

「カシアスは……」

利朗が言いかけて、口ごもった。

「ガンだって知ってるの？」

「それはもちろん、彼が自分で教えてくれたんだから」

私は内藤にそれを告げられたときのことを思い浮かべながら答えた。


内藤から唐突に電話がかかってきたのはその二週間前のことだった。

「いま、忙しい？」

うん、少し、と私が答えると、内藤はせわしなく続けた。

「そっちに行くから会えないかな？」

いつもなら、翌日にしてもらったかもしれない。だが、そのときは内藤の勢いに押されるようにして承諾してしまった。そして、何時頃に来るのか訊ねると、内藤はさらにせわしなく言った。いまは横浜の病院にいるので、そちらに何時に行けるかわからない。近くまで行ったらまた電話する。それを聞いて、何をそんなに急いでいるのだろうと怪訝に思ったが、いずれにしても大したことではないような気がした。これまでも、そのようにして訪ねて来た用事がさして急を要するものではないことがよくあったからだ。

夕方、締め切りの迫っている原稿を書いていると、内藤から近くに来たという電話がかかってきた。そして、いつも会うことになっている私の仕事場近くのコーヒーショップに向かうという。

店に入っていくと、内藤がいつもと同じ喫煙用の奥の席に坐っていた。私はその前に腰を下ろしながら訊ねた。

「どこかいいところが見つかったの？」

私たちは、ここ何年と、内藤のボクシングジムが開設できる場所を探していた。もしかしたら、その候補地が見つかったので一緒に見に行ってくれないかというのではないかと思ったのだ。そういうことが、これまでにも何回かあった。

「横浜の友達が、いろいろ探してくれているけど……」

どうやら今日の話はその件ではないらしい。注文したコーヒーが運ばれてくると、内藤があらたまった口調で言った。

「実は、病院で検査してもらったんだ」

「検査？　どこを？」

「喉」

「喉をどうしたの？」

「俺、ガンなんだ」

私は息を呑みかけたが、努めてさりげなく言った。

「そう」

その反応に少し安心したのか、内藤は喉のガンについて話しはじめた。

以前から喉の状態がよくなく、病院に通っていたのだという。医師の診断によれば、腫瘍のようなものはできているが良性だから心配ないとのことだった。しかし、念のため半年に一度くらいは見せに来るように言われた。最初のうちはそれを守っていたが、ここ一年くらい行っていなかった。

すると、去年の十二月の中頃、喉がとても痛くなってきた。

「病院に行ったら、すぐ入院しなさいっていうことになってね。喉が腫れて、気道が塞がりかかってしまっていたんだ。で、いろいろ検査をすることになった。CTスキャンとか、MRTとかみんなね。すると、良性だったはずの腫瘍が悪性になっていた……」

なんという不運なのだろう。これでジムを開くという夢はかなわなくなってしまった。しかし、ジムを開く前だったことが不幸中の幸いだったかもしれない。

「暮れの二十六日に病院も年末年始の休みに入るというんで一時退院したんだ。そうしたら、正月に家ですごい出血をしてね。腫れていたところが破裂したらしい。病院では、もうこちらでは治療できないので、県立のガンセンターに紹介状を書くので行ってくれって。ガンセンターで見てもらったら、舌の付け根に悪性の腫瘍があることがわかった。それを取るには、舌を全部取る手術をするか放射線で対応するしかないらしい。どっちにするか、もう少し検査をしてから最終的に決めようということになったんだ」

「舌を取ると……どうなるって?」

「取っても、どこかの肉を移植して、ビラビラを作って舌の代用品みたいなものは作るらしいんだけど、言葉はしゃべれなくなる」

「それはつらいな」

「うん、だから舌は取りたくないんだ。そうすると、ジムを作っても練習生に教えにくくなるからね。最低でも、アア、とか、ウウ、とかいう音が出せれば、なんとか教えられると思うんだけど」

こういう状況になってもまだ、内藤はジムを作るという夢を持ちつづけているらしい。私は暗澹たる気分になった。

内藤はボクサーを引退した後、二人の女児を得た。しかし、妻を病気で失うと、大工、配管工、トラックの運転手などをしながら男手ひとつで子供を育て上げた。

そこに、少年院で『一瞬の夏』を読んでボクサーになろうと思ったという若者が現れたのだ。彼、大和武士は、一度は日本タイトルマッチへの挑戦に失敗するが、内藤がコーチを引き受けることでチャンピオンの座に就く。

たぶんその一連の出来事がなかったら、私が内藤のジム開設に力を貸そうという気にはならなかったかもしれない。彼にはトレーナーとして類い稀な才能がある。その驚きがなんとかして内藤にジムを出させてやりたいという思いになった。しかし、大きなスポンサーがいるわけでもない内藤に、そう簡単にジムを開くことのできる機会が訪れるはずもなかった。それでも、一度は開設できる寸前のところまで行ったが、思いがけない不運が彼を襲い、私がようやくかき集めた金を含めて、すべてが無になるということもあった。

もちろん、内藤にも不運ばかりが見舞ったわけではなかった。女性用のフィットネスジムでインストラクターをしているとき、アシスタントとなってくれた女性と知り合い、再婚することができていたのだ。そして、その再婚相手の三美子とは男児を二人もうけることになった。

しかし、先妻とのあいだにできた二人の女児は二十を過ぎているが、二人の男児はまだ十代になったばかりにすぎない。成人するまでにあと七、八年はかかるだろう。もし、内藤の身に万一のことが起こったら……。

私がぼんやりしていると、内藤がいきなり言った。

「来週から徹底的に検査をして、治療の方針を決めるらしい。そのとき、先生の説明を一緒に聞いてくれるとありがたいんだけど」

もちろん、かまわない、と私は返事をした。もし、その病院の治療方針が納得できなければ、知り合いの医師に頼んで他の病院で検査を受けられるよう手配してもいいと思った。私は病院で医師の説明を受ける日にちが決まったら連絡してくれるよう言って別れた。

すると、三日前にその電話がかかってきた。

明日で検査をすべて終え、すぐに方針の説明を受けて治療を始めることになったのだという。だが、三日後の二月一日はどうしても外出をしたいからと言って、治療の開始を二月二日からにしてもらったのだという。私はすっかり忘れていたが、二月一日は内藤にとって「師」であり、ある意味で「父」でもあったエディ・タウンゼントの命日だったのだ。治療が始まると墓参りができなくなってしまう。それが治療の開始を延ばしてもらった理由だった。二月一日、医師の説明を受けてからエディの墓参りをするつもりだという内藤に、私も一緒に行くと告げ、さらにこう訊ねた。

「このことを利朗に話してもいいかな」

「もちろん」

私は電話を切ってから利朗に連絡をした。カシアス内藤がガンになっていることを話すと、利朗も絶句するように言った。

「まったく、なんていう……」

墓参りの話をすると利朗も行きたいという。そこで、三人で行くことにしたのだ。

この日、二月一日の日曜日の朝、利朗は車で私の家まで迎えに来てくれ、第三京浜を経由して内藤が入院している神奈川県立ガンセンター病院のある二俣川に向かった。

病院に着くと、玄関先で内藤が待っていてくれ、すぐに病室のある八階に案内してくれた。その階のナースセンターの前には妻の三美子が待っており、中で待機している担当医から現在の病状とこれからどのような治療方針で行くかの話を聞くことになった。利朗が部屋の外で待っていようとすると、内藤は一緒に聞いてほしいという。そこで私たちは四人で医師の話を聞くことになった。

話をしてくれたのは若い医師だった。内藤については、彼を含めて三人の医師がチームを組んでいるのだという。

その若い医師は、この病院の方針で患者にすべての情報を開示することになっていると言い、言葉を選びながらも内藤にとってはかなり厳しいこともはっきりと口にした。

舌の付け根にあるガンはそうとうに大きく、しかも末期のガンで四段階の四番目になっている。幸いなことに他に転移はしていないようだが、部位が部位なので手術をするのはかなり難しい。それに舌を摘出するようなことになると術後の日常生活が極めて困難になるので、放射線と抗ガン剤で治療していった方がいいのではないかと思われる……。

私も手術をしない方がいいと思っていたが、医師に手術は無理だと言われると、あらためてその深刻さに打ちのめされそうになる。

来週から四週間にわたって放射線、一週間休んでまた三週間の放射線治療を行うつもりだが、その結果がどうなるかはわからない。抗ガン剤の効き目も含めて、すべてはやってみなければわからないというところがあるのを覚悟しておいてほしい。

それを聞いて、内藤が言った。

「じゃあ、それがうまくいかなかったら手術を……」

すると、若い医師にピシッと言われてしまった。放射線治療がだめだったから次は手術というわけにはいかない。なぜなら、それに耐えられるだけの体力がなくなっているだろうから。もし、この治療でガンを叩き切れなかったり、再発するようなら、あとはガンと共生していく方法を考えなくてはならない。そして、とその若い医師は、放射線と抗ガン剤の副作用について説明しはじめた。

それがあまりにも重苦しい内容だったので、髪の毛が取れるというところで、私はついまぜっ返したくなってしまった。

「よかったじゃない。その点は気にしないで」

内藤は一年ほど前からスキンヘッドにしていたのだ。

「そうなんだよ、このあいだも、見舞い客みたいな人が僕の頭を見て、ひそひそ話しているんだよ。放射線を浴びるとああなるのねとかなんとか。よっぽど、これは剃ってるんですって教えてやろうと思ったんだけど」

そう言って内藤も笑ってくれた。

若い医師は副作用の説明を終えると、来週からまず歯の治療を始めると言った。放射線の照射によって虫歯のあるところが痛みはじめるだろうからというのだ。

「よろしくお願いします」

最後に私が言うと、若い医師は言った。

「みんなで頑張りましょう」

病院を出て利朗の車に乗った私たちは、家に戻るという三美子を二俣川の駅前で降ろし、所沢に向かった。

エディの墓は所沢の聖地霊園というところにあるのだという。内藤によれば、二月一日の命日には毎年墓参りをしているが、誰にも会わないという。エディの娘たちはアメリカに住んでおり、未亡人は高齢だから仕方がないにしても、世話になったはずの誰かに一度くらいぶつかってもよさそうだが会ったことがない。墓に参った人がいた痕跡を見つけたのは一度だけだという。

「でも、あそこに行くのは一日仕事だから無理はないんだけどね」

車の後部座席に座った内藤は所沢に着くまで陽気にしゃべりつづけた。

道に迷いながらようやく辿り着いたその霊園は、簡素だが落ち着きのある空間にあった。私たちは門の中にある売店で花と線香を買い、手桶に水を汲んで持った。

エディの墓は茶色の御影石で、日本風の縦長の直方体の墓が多い中で、異彩を放っていた。平たい石が斜めに立てられタウンゼント家という文字の両脇にボクシングのグラヴが浮き彫りされている。そして、その横の石に没年が書いてある。

「1988年2月1日」

そうなのか、あれから十六年もたったのか……。私はその歳月に圧倒される思いがした。

墓前に枯れた花が挿してある。それを見て内藤が言った。

「一週間以内に誰かが来てくれたんだね」

「どうして一週間以内とわかるの？」

「この墓地では一週間に一度掃除をしてくれて、古いのは片付けられるから」

「そうか」

「それに、きっと若い人だね」

「どうして？」

「こういう花束は二つに分けて飾れるということを知らなかったみたいだし、線香をあげた形跡もないしね」

私たちは三人で手分けして墓を清めた。枯れた花を取り除き、内藤が持ってきたタオルで墓石を拭き、最後に桶から柄杓で水を汲んでかけた。

まず内藤が墓の前にひざまづいた。墓に彫られたグラヴに両手を合わせ、頭を垂れて祈りはじめた。次に、私も墓前で祈った。韓国のソウルで行われた試合のときは、ノックダウンされた内藤を見て、立たせてほしいと「内藤の神」に祈った。だが、この日は「内藤の父」でもあるエディに頼んだ。どうか内藤を治してほしいと。最後に利朗が祈ると、私たちは写真を撮った。あるいは、これが最後になるかもしれない。そうした気持が三人にあったのだろう。誰が言うともなく、私たちはエディの墓前でオートタイマーを使って記念写真を撮ったのだ。

霊園からの帰りに、ファミリーレストランで食事をすることにした。

それぞれがそれぞれに注文した品を食べ終わると、三人ともデザートを頼んだ。内藤が抹茶ムース、利朗がチョコレートパフェ、私がクリームあんみつ。いい年をした男たちがファミリーレストランでデザートを食べている姿は珍妙だったかもしれないが、とりわけ内藤と利朗は甘いものが大好きなのだ。

利朗がたまたま古い写真を持ってきていた。その中に、大和武士のためにみんなで大阪に行ったときの写真があった。試合の当日、計量が終わった後で、私たちはケーキ・バイキングに挑戦した。小ぶりのケーキを私は六個食べ、利朗は八個食べ、内藤は十六個食べた。いま思い出しても気分が悪くなりそうだが、内藤はまだ食べても平気だと笑っていた。

しかし、あのときからも十六年が過ぎたということになる。というのは、エディの死が、私たちが大和武士と深く関わらせる契機となったからだ。上智大学の聖イグナチオ教会で行われたエディの葬儀に参列した私は、隣に座っている内藤に大和が日本タイトルをかけた試合をすることになったらしいという話をした。すると、内藤はこう言ったのだ。

「俺たちの本を読んでボクサーになった子なんだから、日本チャンピオンにもさせないでやめさせるわけにはいかないよね」

そのひとことが、私たちのそれからの一年を方向づけた。そして、私たちは「俺たちの本」を読んでボクサーになった若者を、日本チャンピオンにすることに成功したのだ。

ファミリーレストランを出ると、すっかり暗くなっていた。

帰りの車の中でも、私たちが喉の状態を心配するほど内藤はよくしゃべった。しかし、病院に近づくにつれて言葉少なになっていき、そしてぽつんとこんなことを言った。

「このまま死んだら、また『一瞬の夏』の繰り返しになっちゃうね。いつか、いつか、と言ってるだけで、とうとうジムは作れなかったって」

私は何も言えずに黙って前方の道に眼をやっていた。

二俣川に着き、病院に内藤を送り届けたときには八時近くになっていた。確かに内藤の言うとおりこの墓参りは「一日仕事」だった。そう、長く、重い「一日仕事」だった。

別れ際に、握手をして何かを言おうとしたが、平凡な言葉しか思いつかない。

「頑張って」

「うん、わかった」

内藤はそう言い、自分に言い聞かせるように付け加えた。

「頑張るよ、頑張るより仕方がないもんね」

夜の第三京浜を走る車の中で私たちはほとんど無言だった。

「うまくいくかな」

多摩川にかかるあたりで利朗が言った。どうだろう、と言いかけて、不意に熱い思いが込み上げてきた。

「死なないさ」

私は自分がそう信じているわけではないことを知っていた。だが、どうしてもこのまま内藤を死なせたくはなかった。

すると、利朗がやはり自分に言い聞かせるようにつぶやいた。

「そうだよね」

追記

いま、カシアス内藤はガンとの戦いで優勢に試合を進めている。ボクサー時代に培った体力には底知れないものがあったらしく、放射線治療と抗ガン剤の使用を同時に行っても食欲が落ちることなく、最高の効果を上げて三カ月後に退院することができた。残念ながらガンを根絶させることはできなかったが、なんとかガンと共存して生きていけるのではないかというところまで来ることができた。医師によれば、楽観は許されないが日常生活に復帰してもよいという。そこで、内藤は自分のボクシングジムを設立するために最後の努力を傾けることにした。時間との競争という側面もあり、私たちもまた彼の最後の夢を実現させるため共に走ることになった。この写真集もその一助になればと刊行が企画された。買ってくださった読者の皆さんには深く感謝する。もしかしたら、その代金は内藤のボクシングジムのサンドバッグの一部になるかもしれないからである。

あとがき

この『カシアス』は、二十五年前に出版した『ラストファイト』をあらたに編集し直したものです。しかし、「ふたたびの夢」「光のなかへ」と二章に分けたこと、「戦いのあとで」というモノクロの章を追加したことで、まったく新しい写真集になったと思います。沢木耕太郎さんには、『ラストファイト』の「リア」につづいて、『カシアス』にも「一日」という作品を書いていただきました。

カシアス内藤さんが癌だと知った時、ぼくは西陽のなかで美しく輝いていた彼の姿を思い出していました。あらためて二十五年という歳月の重みを感じずにはいられません。今も彼は、ボクサーの時に鍛えた強靭な肉体と、強い精神力で癌と戦っています。『カシアス』を出版することで、彼の新しい夢の実現に少しでも役立てればいいと思っています。

『カシアス』の出版は、去年の秋、「スイッチ」の撮影でソウルに行った時、当時編集長だった新井敏記さんに「『ラストファイト』をもう一度出しませんか」と言っていただいたのがはじまりです。そのひとことがなければ、『カシアス』は存在しませんでした。美しい本に仕上がったのはデザイナーの山下リサさんのおかげです。編集の鈴木久美子さんにはきめ細やかなサポートをしていただきました。

カシアス内藤さん、沢木耕太郎さん、二人の変わらぬ友情に感謝いたします。そして何よりも、この本を手にとって下さったあなたに、ありがとうの気持ちが伝われば幸いです。

二〇〇四年　晩秋

内藤利朗
一九五〇年東京生まれ。日本大学芸術学部写真学科を卒業後、秋山庄太郎氏に師事、一九七七年にフリーとなる。主な写真集に『ラストファイト』『ハチヤさんの旅』など。沢木氏の盟友として『一瞬の夏』にも登場している。

沢木耕太郎
一九四七年東京生まれ。横浜国立大学経済学部卒業。スポーツと旅を中心にしたノンフィクションの作品を数多く上梓し、主な作品に『一瞬の夏』『深夜特急』『無名』、写真集『天涯』全三巻など。本書は『一瞬の夏』の続編として連なるもの。

カシアス

著　者　内藤利朗　沢木耕太郎
二〇〇五年二月一日　第一刷発行
二〇〇五年二月一四日　第二刷発行
発行人　新井敏記
発行所　株式会社スイッチ・パブリッシング
一〇六―〇〇四七
東京都港区南麻布三―三―三
電話　〇三―五四四三―四一七〇
印刷
製本所　凸版印刷株式会社
十文字義美・都甲美博・田中久雄・田村　裕
装　丁　山下リサ
定価はカバーに表示してあります。
万一、乱丁、落丁の場合はお取り替えいたします。

ISBN4-88418-015-1 C0095 2500E